Die original
rheinische *Alpenküche*

BECKER
JOEST
VOLK
VERLAG

Die original
rheinische *Alpenküche*

Konrad Beikircher

Rezepte von Anne Beikircher   *Fotos von Klaus Arras*

Schlutzkrapfen

Heringssalat

Kartoffelpuffer

Italienische Kalbsnierchen

Graupensuppe

Erbsensuppe mit Minze

Kalbsleber mit Zwiebeln

Marillenknödel

Tafelspitz

Ein paar Worte vorweg

„Was verbindet das Rheinland mit den Alpen?“, fragt sich der Leser dieses neuen Kochbuchs von Anne und Konrad Beikircher.
Die Antworten sind einfach: schöne Kindheitserinnerungen. Eine kochende Großmutter oder Mutter, die einfache Hausmannskost zu einem Erlebnis werden ließ. Die Freude auf ein einfach leckeres Mittag- oder Abendessen. Armeleuteessen. Aber auch beste Weine von Ahr, Rhein und Mosel – oder aus dem Tal der Etsch oder dem Pustertal, unweit von Konrads Heimat.
Anne Beikircher versteht es, Konrads Genusssuche sehr virtuos zu begleiten. Rheinische Grundnahrungsmittel wie Kartoffeln, Erbsen, Bohnen, Graupen und Speck finden durch die Zugabe von Ravioli, Risotto, Kräutern oder dem richtigen Essig den Weg zur norditalienischen Hausmannskost. Und hier wie da Äpfel, auch Blutwurst, Rindfleisch in jeglicher Form.
Bei Ääzezupp „Mme Coco“ geht es dann bei Anne mal über die Alpen ins Asiatische. „Macht nichts“, würde Konrad sagen, „Hauptsache, es schmeckt!“ Für den Koch und Gastronomen ist es das Schönste, solche genuss- und geistreichen Menschen als Freunde und Gäste zu haben.

Viel Erfolg mit diesem Buch!
Sternekoch Hans Stefan Steinheuer
Restaurant „Zur Alten Post“ in Bad Neuenahr

Lachen hat beim Essen noch nie geschadet!

Ihr Konrad Beikircher

Wussten Sie, dass Graupen zur Familie der Kellerasseln gehören? Gut, sie haben keine Beine, aber genau das ist der Grund, warum sie Gemüse geworden sind. Ich meine: Das war doch eine clevere Entscheidung der Evolution! Die armen Viecher wären sonst doch ausgestorben, oder?!?

Graupensuppe

Zutaten für 4 Portionen
300 g Graupen
200 g rohes geräuchertes Schweinefleisch, ersatzweise Räucherspeck oder Pancetta
100 g Schalotten oder Gemüsezwiebel
1 Lorbeerblatt
1 Zweig Rosmarin
Olivenöl zum Braten
2–3 Möhren
1 mittelgroße Kartoffel
Salz
Pfeffer, frisch gemahlen
Aceto balsamico – je oller, je doller
2 EL Blattpetersilie, grob gehackt – fürs Auge
20–24 Flusskrebse, vorgekocht
frisch geriebener Parmesan und klein gehackte frische Minze zum Bestreuen

Graupen und Räucherfleisch in 1 ½ l Wasser aufkochen und garen – das kann dauern! Schalotten schälen und fein würfeln. Mit Lorbeer und Rosmarin in Olivenöl anschwitzen. Möhren und Kartoffel schälen und fein würfeln. Zu den Schalotten geben und kurz mitschmoren. Wenn die Graupen nach ca. 1 ½ Stunden weich sind, das Gemüse hinzufügen und noch 15 Minuten mitköcheln lassen. Das Fleisch herausnehmen und eventuell für ein anderes Gericht verwenden.
Die Graupen mit Salz, Pfeffer und Aceto balsamico würzen und die Petersilienblätter hineingeben. Zuletzt die Flusskrebse hinzufügen und kurz erhitzen. Noch einmal mit Salz und Pfeffer abschmecken. Suppe auf Teller verteilen und mit Parmesan sowie Minze bestreuen.

Tipp: Man kann die Suppe auch mit Parmesanplätzchen garnieren: Aus geriebenem Parmesan teelöffelgroße Häufchen auf Backpapier geben. Bei ca. 170 °C im Ofen schmelzen und dann erkalten lassen. Eignen sich auch als Snack zum Wein.

Graupensuppe –
besser als ihr Ruf

Was die traditionelle Küche angeht, ist für die Alpenländler Graupensuppe oder Gerstensuppe das, was für die rheinischen Kantinen die Ääzezupp ist: ein mächtiges, schweres Winteressen. Reinhold Messner ist vermutlich als Kind da reingefallen, sonst hätte er seine Touren niemals machen können. Ein Essen mit Speck und fettem Fleisch – zwei Teller davon und du brauchst einen ganzen Winter lang nicht heizen, weil es a) dir warm ist und b) du wärmen kannst. Sei's drum: Jeder Alpenländler kennt den Geschmack von Graupensuppe und ist entweder deshalb aus Südtirol geflohen oder hegt ihn als Schatz aus der Kindheit ein Leben lang auf seiner Zunge. Grund genug, darüber nachzudenken, ob man da was tun kann und ob sich da Rheinisches und Alpines finden können – und siehe da: Es geht! Man muss nur die rheinischen Flusskrebse zu Ehren kommen lassen und schon entsteht ein deftiges, aber dennoch leichtes und sehr mediterran anmutendes Gericht. Ich habe mir schon als Kind die Gerstensuppe leichter gemacht, indem ich Weinessig reingab. Wir hatten immer tollen selbst gemachten in der Korbflasche, der Damigiana, darin war meine Mama sehr italienisch. Der, so empfand ich, macht es dem Bauch etwas leichter beim tagelangen Verdauen. Vielleicht aber, so denke ich heute, war es einfach nur der Geschmack – und das werden Sie auch direkt feststellen: Aceto balsamico hebt die Schwerkraft der Graupen auf. Und wenn man sich nicht grad eine Riesenterrine reinzieht (Sie wissen schon, wie bei der Ääzezupp: „Nee, unter zwei Bockwürste pro Terrine brauchse mir gar nicht zu kommen."), ist diese Graupensuppe wunderbar. Und die Flusskrebschen sind einfach der Hammer obendrauf!

Äázezupp Peppermint (Erbsensuppe mit Minze)

Zutaten für 4 Portionen
120 g Schalotten
40 g Butter
450 g frische Erbsen, ersatzweise TK-Ware
150 ml Weißwein
600 ml Gemüsebrühe
3 g frische Minze (ca. 1 Handvoll)
2 EL Sahne
Salz
Pfeffer, frisch gemahlen
150–200 g Südtiroler Speck
Olivenöl

Schalotten schälen und fein würfeln. In einer Kasserolle in Butter glasig anschwitzen. Die Erbsen zufügen und einen Moment mitgaren. Mit Weißwein ablöschen und die Brühe angießen. Minze sehr fein schneiden und hinzufügen. Circa 10 Minuten kochen lassen, dann pürieren. Sahne einrühren und mit Salz und Pfeffer würzen. In der Zwischenzeit den Speck in feine Streifen schneiden und in Olivenöl kross braten.
Die Suppe in Terrinen füllen und die Speckstreifen darauflegen.

Also, der Libanese, nicht wahr, der hat es ja mit der Minze. Nun kann es sein, dass er sich die Minzeblätter an die Schläfen drückt, um sie zu kühlen, aber in der Suppe schmecken sie mir ganz entschieden besser. Außerdem ist es hier selten so warm wie da unten. Andererseits: mit Minzeschläfen aus der Küche kommen und die Suppe auftragen – auch ein schönes Bild!

Ääzezupp „Mme Cocosching"

Zutaten für 4 Portionen
130 g rote Zwiebeln
3 EL Wok-Öl
450 g frische Erbsen, ersatzweise TK-Ware
150 ml Kokosmilch
3 g frische Korianderblättchen (1 kleine Handvoll)
1–2 EL Sojasauce
Salz
Pfeffer, frisch gemahlen
Saft von ½–1 Limette
evtl. 1–3 rote Chilischoten
150 g Garnelen
scharfes Currypulver zum Bestäuben

Zwiebeln schälen, fein hacken und in einer Kasserolle in 1 EL Wok-Öl anbraten. Erbsen zufügen und kurz mitgaren. Mit 600 ml Wasser ablöschen und die Kokosmilch einrühren. Koriander hacken, zufügen und alles ca. 10 Minuten köcheln lassen. Dann pürieren. Mit Sojasauce, Salz und Pfeffer würzen. Limettensaft mit Fingerspitzengefühl hinzufügen. Falls Schärfe gewünscht ist, Chilischoten längs einritzen und dazugeben. Garnelen in einer Pfanne in restlichen 2 EL Wok-Öl anbraten, mit Salz und Pfeffer würzen und mit Curry bestäuben.
Die Suppe in Terrinen füllen und die Garnelen hineingeben.

Ich weiß bis heute nicht, wie die Asiaten die Milch in die Nüsse reinbekommen. Vielleicht über Wurzelinfusion? Andererseits: Es och ejal, Hauptsache, et schmeck!

Kartoffelsuppe

Zutaten für 4 Portionen
750 g Kartoffeln
1–1,5 l warme Gemüsebrühe, Menge je nach Kartoffelsorte
Salz
Pfeffer, frisch gemahlen
evtl. 40 g Butter

Luxusvariante
100 g Butter
etwas Trüffelöl
Trüffel, frisch gehobelt

Die Kartoffeln waschen und mit Schale (im Schnellkochtopf, wer hat) garen. Möglichst schnell noch heiß schälen und zu Püree stampfen. So viel Gemüsebrühe einrühren, bis sie sämig auf dem Löffel liegt. Mit Salz und Pfeffer würzen. Eventuell noch etwas Butter hinzufügen.
Für die Luxusvariante noch 100 g Butter und Trüffelöl zufügen und die Suppe mit frisch gehobeltem Trüffel bestreuen.
Die besten Kartoffeln sind die von Breuers Günther und Breuers Erich in Villip, die hier auf keinen Fall unerwähnt bleiben dürfen!

… und wer dann noch sagt, Trüffel schmeckten wie zwei Tage lang von pubertierenden Jünglingen in Gummisneakers getragene Socken, der sollte zur Geruchsberatung gehen – oder vielleicht wurden wirklich die Säuglinge vertauscht?

Zwiebelsuppe

Zutaten für 4 Portionen
300 g Gemüsezwiebeln oder weiße Zwiebeln – die sind auch sehr lecker
2–3 Knoblauchzehen
40 g Butter
20 g Mehl
100 ml Weißwein
1 l heiße Fleischbrühe
4 Scheiben französisches Landbrot oder deutsches Weißbrot – aber bitte vom Bäcker
100 g geriebener Gruyère-Käse (Greyerzer)

Zwiebeln schälen und in Ringe schneiden. 1–2 Knoblauchzehen schälen und klein würfeln. Zwiebeln und Knoblauch in der Butter hellbraun andünsten (das dauert etwas). Mit Mehl bestäuben und einige Minuten weiterrösten. Mit Wein ablöschen und die Fleischbrühe aufgießen. 15 Minuten kochen lassen.
Restliche Knoblauchzehe schälen. Weißbrotscheiben gut toasten und mit der Zehe gut einreiben. Die Brotscheiben für jeweils 1 Portion in Suppenterrinen legen. Mit der Suppe auffüllen und Gruyère aufstreuen.
Den Backofen auf 230 °C Ober-/Unterhitze (210 °C Umluft) vorheizen.
Die Terrinen in den Ofen stellen und gratinieren, bis der Käse blasig zerläuft.

Große Gedichte der Weltliteratur:
Gar nicht übel,
sprach die Zwiebel,
und auch der Lauch
strich sich den Bauch.
Sogar der Kohl
fühlte sich wohl.
Jedoch die Kresse
hielt die Fresse.

Rheinische Eiersuppe (Zabaione)

Zutaten für 4 Portionen
7–8 Eigelb
4 EL Puderzucker
125 ml Marsala

Für das Wasserbad Wasser in einem Topf erhitzen und eine Rundschüssel – ich nehme eine Eisbombenform – aufsetzen. Oder man hängt einen kleineren Topf in das heiße Wasser. Darin Eigelbe und Zucker mit dem Handrührgerät schaumig schlagen. Dabei aufpassen, dass die Mischung nicht zu heiß wird, weil das Eigelb sonst stockt! Während des Schlagens nach und nach den Marsala reinträufeln. In Gläser füllen und servieren. Schmeckt wunderbar auch auf Tiramisu-, Mandel- oder Bacio-Eis.

Tipp: Statt Marsala kann man auch Prosecco nehmen. Dann mit etwas geriebener Zitronenschale zubereiten und mit Orangenfilets in Gläsern anrichten.

Gut hierbei ist, dass man in der einen Hand das Handrührgerät hat und in der anderen die Flasche Marsala. Klar, man kann natürlich was vom Marsala in den Mund abzweigen (ich nenne das gerne die Qualitätsendkontrolle), aber es geht nicht mehr so leicht, als hätte man beide Hände frei. So bleibt dann doch genügend Marsala für die Schüssel übrig – und so soll es ja auch sein. Sonst kannst du gleich einfach nur ein Ei mit etwas Zucker übers Eis schlagen und fertig. Nur, das bringt's nicht wirklich!

Feldsalat mit Kartoffeldressing

Zutaten für 4 Portionen
300 g Feldsalat, küchenfertig
100 g Kartoffeln
Salz
2 EL weißer Balsamico
50 ml heiße Gemüsebrühe (Hefebrühe)
1–2 EL Walnussöl
Pfeffer, frisch gemahlen
10 Walnusskerne
150 g Südtiroler Speck in sehr dünnen Streifen
Öl zum Braten
1–2 EL alter Balsamico oder Himbeeressig

Feldsalat waschen und trocken schleudern. Kartoffeln schälen und in leicht gesalzenem Wasser kochen. Noch heiß fein zerdrücken oder durch eine Kartoffelpresse geben. Mit Balsamico, Gemüsebrühe und Walnussöl zu einem Dressing mischen und mit Salz und Pfeffer würzen.
Walnüsse hacken. Den Speck in etwas Öl anbraten. Walnüsse zufügen und mit etwas altem Balsamico ablöschen. Das noch lauwarme Dressing über den Feldsalat geben und den Speck darauf anrichten.
Manchmal nehme ich statt eines alten Balsamicos Trauben- oder Granatapfelsirup, beides auch extrem lecker und weich.

Fertig verpackter Feldsalat ist eine Erfindung der Zahnärzte. Nichts knackt eine Plombe schneller und besser als ein paar Körnchen vom steinharten Sand, auf dem der Feldsalat gezogen wird. Verführt vom Versprechen, dass man ihn quasi aus der Packung essen kann, weil er schon gewaschen sei, kommt er in die Schüssel. Dressing drüber, fertig – ab auf den Tisch! Dann kommt der magische Moment, meistens aber erst beim zweiten oder dritten Biss: Knirsch! Knurps! Aua! Schon ist die Plombe draußen. Funktioniert auch beim VPT, dem Vollprothesenträger. Aber Vorsicht! Da ist die Reparatur teurer. Waschen ist da als Idee ganz weit vorn!

Feldsalat mit Kartoffeldressing
oder
Mayo macht den Gaumen blind

Ob es daran liegt, dass beides auf dem Acker wächst, ob es daran liegt, dass ich aus dem Pustertal stamme, *dem* Kartoffelanbaugebiet in Südtirol, ob es daran liegt, dass der Feldsalat aus dem Vorgebirge eine etwas herbere Note zu haben scheint als der von anderswo und ich herb halt sooo gerne mag – der Feldsalat mit Kartoffeldressing ist einfach eine Wucht. Und eine Erlösung. Eine Erlösung von der ansonsten im Rheinland anscheinend unverzichtbaren Mayonnaise oder, noch schlimmer, der Kondensmilch, die auch gerne in den Salat gekippt wird, natürlich mit einer Prise Zucker. (Versuchen Sie mal, einem Rheinländer einen süddeutschen Kartoffelsalat anzupreisen: mit Kapern, Essig und Öl, Essiggürkchen oder gar mit Speck. Von dem mit der leichten Rinderkraftbrühe ganz zu schweigen. Sie werden keinen Erfolg haben: „Wat is? Eäppelschloot ohne Mayo? Bah! Niemals!"). Der Feldsalat mit Kartoffeldressing ist – aus rheinischer Sicht – ein guter Kompromiss, denn Kartoffeln mag er ja, der Rheinländer. Das Dressing gibt dem Feldsalat eine feine Sämigkeit, es sieht (fast) aus wie Mayo, schmeckt aber zehnmal besser und das Ganze ist gesund, ohne dass es gesund schmeckt, was ja vor allem für Männer immer ganz wichtig ist. Frauen sehen Feldsalat, sehen Kartöffelchen in homöopathischer Dosierung, sehen Vinaigrette – und lassen es sich ohne jegliches Reuegefühl einfach nur schmecken.

Rote-Bete-Carpaccio

Zutaten für 4 Portionen

1–2 rote Zwiebeln
Olivenöl zum Braten
1–2 EL Thymianhonig oder ein anderer aromastarker Honig
300–400 g Rote Bete (Vacupack)
4 kleine Taler Ziegenfrischkäse
Salz
Pfeffer, frisch gemahlen
2 EL sämiger Apfel-Balsamico-Essig, ersatzweise Apfelrübensirup

Die Zwiebeln schälen und in feine Scheiben schneiden. In Olivenöl hell anschwitzen und mit Thymianhonig karamellisieren; das dauert circa 5 Minuten. Rote Bete in etwa 4 mm dicke Scheiben schneiden und auf Tellern fächerförmig auslegen. Darauf jeweils einen Taler Ziegenfrischkäse mittig platzieren und die Zwiebelringe auflegen. Mit Salz und Pfeffer bestreuen und mit Apfelbalsamico beträufeln. Dazu Baguette anbieten.
Siehe Rotkraut mit Kirschen (Seite 69).

Rote-Bete-Carpaccio
oder
Italienisch jodeln im Rheinland

Tja, Herrschaften, aussehen tut es ja wie Carpaccio und ist es doch nicht. Im Zuge der Globalisierung der Küchen, der Rezepte und der Köche – alles arbeitet weltweit, holt von überallher Anregungen und tut so, als wachse alles jederzeit an jedem Ort – hat einer *die* Idee gehabt: Rote Bete kochen, dünn schneiden, auf dem Teller wie Carpaccio anrichten, Sauce drüber, fertig ist die Laube. Das Ganze für 19,80 €. Das ist billiger als Rinderfilet, billiger in der Herstellung und spült damit auch erheblich mehr in die Kassen. Möchte man meinen. Aber dem ist nicht wirklich so. Carpaccio ist, soweit ich weiß, eine italienische Erfindung – es sei denn, man zählte die Essgewohnheiten der Neandertaler noch dazu. Recht hätte man dazu ja, denn wieso soll Feinschmeckerei erst eine Erfindung unserer Zeit sein? Vielleicht hat es sie gegeben, die beiden Rinderhirten in Mettmann. Sie hatten für ihre Neandersippe ein paar Schwarzbunte vor der Höhle stehen – wer weiß, vielleicht sogar eine Urform vom Charolais – und hüteten sie. Durch Zufall wissen wir sogar ihre Namen: Der eine hieß Gault, der andere Millau. Und beide galten als ganz besondere Schmecklecker. Der Tag auf der Weide ist lang, der Hunger groß. Da hat man sich damals von Zeit zu Zeit ein Rind gegriffen, hat ein Steak rausgeschnitten, mariniert, fertig war die Laube. Die beiden aber erfanden was Besonderes: Carpaccio! Sie schnitten sich nicht einfach so ein Steak heraus, sondern zelebrierten es: hauchdünne Scheibchen – wer am dünnsten schneiden konnte, war Sieger – auf eine Baumscheibe, etwas Honig drüber, bisschen Essig und dann wurde gefeiert. Natürlich war Carpaccio der Hit beim Neandertaler, leider gab es damals Düsseldorf noch nicht, sonst hätte das Gericht sicher den Siegeszug durch den Düsseldorfer Hafen angetreten. Carpaccio ist also keine italienische Erfindung, sondern eine hiesige. Die Rote Bete aber ist das Heiligtum der Alpenbeete – in Südtirol allerdings heißen die Früchte nicht Rote Bete, sondern Ronen. Sie ist leicht bitter im Anbiss, atmet noch Boden, wenn sie auf dem Teller ist, und hat mit ihrer erdig-herben Schlussnote ein Finish, das sich gewaschen hat. Kurz: ein Südtiroler Highlight schlechthin. Gekocht, mariniert und fein angerichtet ist es ein absoluter Knaller als erster Gang.

Mojo verde und Mojo rojo

Rezepte auf der nächsten Doppelseite

Mojo verde

Zutaten für 4 Portionen
1 grüne Paprikaschote
10 mittelgroße Knoblauchzehen
2 Bund Blattpetersilie
2 Bund Koriander
Salz
Pfeffer, frisch gemahlen
2–3 Zweige Thymian
3 EL Brotbrösel (Reste vom Frühstückstoast)
60 ml Rotweinessig
150 ml Olivenöl

Die Paprikaschote putzen und klein schneiden, die Knoblauchzehen schälen. Petersilie und Koriander grob hacken. Gemüse und Kräuter im Mixer pürieren, mit Salz und Pfeffer würzen. Thymianblätter abstreifen und mit den Brotbröseln zufügen; je nach gewünschter Konsistenz mehr oder weniger Brösel nehmen. Das Püree mit dem Rotweinessig und dem Olivenöl verrühren. Mojo verde schmeckt gut zu Muscheln (Seite 93) oder Fischfilets.
Wer keinen Koriander mag, versuche es mit Estragon (der getrocknete ist aromatischer).

Nie ohne grünes Hemd kochen oder essen. Mojoflecken gehen nicht raus. Wenn's passiert ist, Restmojo ins Hemd einarbeiten und hoffen, dass man eine Hose hat, zu der es dann passt.

Mojo rojo

Zutaten für 4 Portionen
1 rote Paprikaschote
1 kleine Knoblauchzehe
2 rote Peperoni
2 Tomaten, weich gekocht
Salz (für den Mörser: grobes Salz)

Paprika putzen und klein schneiden, Knoblauchzehe schälen. Die Peperoni putzen und entkernen, wenn die Sauce nicht zu scharf werden soll. Haut der Tomaten abziehen. Paprika und Peperoni mit Tomatenfleisch, Knoblauch und Salz pürieren oder im Mörser fein verreiben.
Passt super zu Muscheln (Seite 93), Fisch und Meeresfrüchten!

Bei der Mojo rojo brauchen Sie nicht so aufzupassen. Die Flecken gehen raus, die Sauce könnten Sie also sogar im Hochzeitskleid zubereiten. Sind dann doch rote Flecken drauf, behaupten Sie einfach, das sei das Originalkleid von Bette Davis im Wahnsinnsfilm „Was geschah wirklich mit Baby Jane?“.

Das ist ein Sößchen von den Kanarischen Inseln, das sehr lecker ist und einfach in jede Küche gehört – da kann es kommen, von woher es will!

Selleriesalat

Zutaten für 4 Portionen
600 g Knollensellerie
Saft von 1 Orange
Saft von 1 Limette
350 g griechischer Joghurt
1 Papaya
100 g Macadamianüsse, ersatzweise Walnüsse oder Cashewkerne
Salz
Pfeffer, frisch gemahlen
2 EL Walnussöl
Granatapfelkerne und Korianderblättchen zum Bestreuen, ersatzweise Petersilie

Die Sellerieknolle schälen und in dünne Scheiben schneiden – das geht mit der Brotschneidemaschine sehr einfach. Die Scheiben zu feinen Stiften schneiden und in eine Schüssel geben. Mit den Säften und dem Joghurt vermischen. Papaya schälen, entkernen, in kleine Würfel schneiden und unter den Sellerie heben. Nüsse zerstoßen und ebenfalls zufügen. Salzen, pfeffern und das Öl zufügen. Etwas durchziehen lassen. Zum Servieren mit Granatapfelkernen und Korianderblättchen bestreuen.

Tipp: Diejenigen, denen roher Sellerie zu al dente ist, sollten ihn vor der Salatzubereitung in etwas Salzwasser blanchieren.

„Annemie, ich kann nit mieh.“
„Dann iss 'n Kilo Sellerie,
denn bist du von der Rolle,
hilft nur die dicke Knolle.
Oder so.“

Endiviensalat mit gebratenem Speck und pochierten Eiern

Zutaten für 4 Portionen

1 Kopf Endivien- oder Friseésalat
150 g Südtiroler Speck, in dünne Streifen geschnitten
Aceto balsamico rosso zum Ablöschen
80 ml Aceto balsamico bianco oder Apfelessig
8 Eier
1 mittelgroße Kartoffel
¼ TL Dijonsenf
Salz
Pfeffer, frisch gemahlen
1 Prise Zucker – wer mag
½ Knoblauchzehe
3 EL bestes Olivenöl

Die Blätter des Salats ablösen und einzeln gründlich waschen. Gut abtropfen lassen, fein schneiden und in eine Schüssel geben. Speckstreifen knusprig anbraten und mit Aceto balsamico rosso ablöschen. Herausnehmen und in kleinere Stücke brechen. 2 Liter Wasser mit circa 50 ml Aceto balsamico bianco mischen und aufkochen. Unterdessen die Eier aufschlagen – am besten in eine Suppenkelle – und vorsichtig in das siedende Essigwasser gleiten lassen. 3 Minuten ziehen lassen. Herausnehmen und abtropfen lassen. Für die Vinaigrette die Kartoffel schälen, gar kochen und nach dem Abtropfen mit einer Gabel gut zerdrücken. Den restlichen Aceto balsamico bianco mit Dijonsenf und der Kartoffel vermischen. Mit Salz, Pfeffer und eventuell Zucker würzen, gut verrühren. Knoblauch hineinpressen und Olivenöl einrühren. Vinaigrette mit dem Salat mischen. Den Speck unterheben. Zum Schluss kommen die pochierten Eier obenauf.
Die Bitterstoffe des Endiviensalats lassen sich mindern, indem man die Blätter nach dem Waschen etwa 5 Minuten in lauwarmes Wasser legt. Ich lasse sie aber so, weil mir der bittere Geschmack gefällt und er durch Kartoffel und Eier eh abgemildert rüberkommt.

Kau, kau, Vivienne,
kau auf den Endivien,
Baiser, Plissee, Friséesalat –
glücklich, wer eine Schüssel hat.
Dann schneid ich alles klein
und zieh's gepflegt mir rein.

Heringssalat

Zutaten für 4 Portionen
3 Cornichons
80 g Rote Bete (Vacupack)
100 ml saure Sahne
100 ml Naturjoghurt
Saft von ½ Orange
2 EL frische Dillspitzen
Salz
300 g Matjesfilets – und zwar am besten die majestätischen Koninklijke van de zee oder so ähnlich
1 Spritzer Zitronensaft
evtl. 1–2 TL Meerrettich, frisch gerieben

Cornichons in dünne Scheiben schneiden, Rote Bete fein würfeln. Beides zusammen mit saurer Sahne, Joghurt, Orangensaft und Dill mit etwas Salz vermischen. Matjesfilets in kleine Streifen schneiden und unterheben. Mit Zitronensaft und eventuell Meerrettich würzen. Kurz ziehen lassen und noch einmal abschmecken. Essen.

Willst'n Hering beschweren,
nimmst am besten deinen Fuß,
weil zum feinen Verzehren
er geplättet sein muss.

Tritt so lang, bis deine Sohle
gleich groß ist wie der Fisch,
und dann heb ihn ganz verstohlen
vom Boden auf den Tisch.

Heringssalat
oder
Un'insalata al limone

Das, Herrschaften, ist ein absolut rheinisches Thema: Heringssalat. Das bestgehütete Geheimnis im Rheinland überhaupt. Jede Familie hat ihr eigenes Rezept und gibt es um keinen Preis preis. Es hat Kriege gegeben, zum Beispiel die Schlacht bei Worringen, nur weil man das Rezept nicht rausrücken wollte. Man hat Erzbischöfe in die Pampa geschickt, zum Beispiel nach Brühl und nach Bonn, weil sie versucht hatten, im Beichtstuhl verschüchterten Ömchen unter Androhung schlimmster Höllenstrafen, zum Beispiel in alle Ewigkeit keinen Rehpinscher mehr haben zu dürfen, das Rezept zu entlocken. Das zweite Geheimnis ist: Wo kommt der Matjes eigentlich her? Unter „Matjes-See" habe ich nix gefunden, kein Fischhändler sagt einem was – nur eines ist klar: Der beste Matjes kommt aus den Niederlanden und ist am besten, wenn er glitschig ist, butterweich und metallisch schimmert. Dann allerdings ist er himmlisch und die Holländer lieben ihn so, dass sie ständig Matjes essen, an jeder Ecke. Und wenn man genau hinschaut, dann sieht man beim Holländer die Heringsschwanzflosse aus dem Mundwinkel blinken, so wie halt der Franzose immer noch die Gauloise oder die Gitanes-Mais im Mundwinkel trägt. Das soll uns jetzt aber nicht weiter kümmern. Uns kümmert, dass Anne Beikircher mit diesen rheinischen Geheimnissen bricht und unser Heringssalatrezept verrät. Es ist aber auch ein tolles Rezept! Und wenn Sie es einmal gekostet haben, werden Sie diesen Geschmack nicht mehr vergessen. Eben keine Mayo oder kein Schmand, eben kein Zucker nochmal extra drüber, eben keine Äpfel, keine Kartoffeln, kein Rind- oder Kalbfleisch, keine Eier, nee, alles das überhaupt gar nicht, sondern Orange, Joghurt, Zitrone, die mit dem Matjes und der Roten Bete eine tänzerische Harmonie eingehen, die sehr fein ist, leicht, bekömmlich und einfach lecker. Versuchen Sie's, Sie werden ab sofort die Reste Schmand, saure Sahne und Mayo bei eBay verticken!

Tirteln „Tirteltäubchen"

Zutaten für 8 Personen als Vorspeise, für 4 Personen als Hauptgang
ca. 100 g Mehl plus etwas Mehl für die Arbeitsfläche
6 Eier
Salz
3–4 EL Milch, je nach Größe der Eier
250 g TK-Blattspinat
500 g Schichtkäse, ersatzweise Quark
6–8 EL Parmesan, gerieben
Pfeffer, frisch gemahlen
Muskatnuss, frisch gerieben
2 Eiweiß
Öl zum Frittieren

Mehl mit Eiern, etwas Salz und Milch zu einem glatten, ausrollfähigen Teig verkneten. Falls der Teig zu dünn wird, weiteres Mehl hineinkneten. Den Teig 30 Minuten ruhen lassen. Spinat auftauen lassen und mit der Hand gut ausdrücken.
Für die Füllung Spinat, Schichtkäse und Parmesan mit einem Handrührgerät oder im Mixer zu einer pastenartigen Masse verarbeiten. Mit Salz, Pfeffer und Muskat würzen.
Teig dünn ausrollen, am besten auf einem mit Mehl bestreuten Stück Frischhaltefolie. Mit einem weiten Glas aus dem Teig 24–28 Kreise ausstechen. Auf jeden Kreis in die Mitte ein gleich großes Häufchen Füllung setzen. Zu Halbmonden formen, die Ränder mit leicht verquirltem Eiweiß bestreichen und fest zusammendrücken. Das Frittieröl auf 140–150 °C erhitzen und die Tirteln darin portionsweise goldbraun frittieren.
Dazu passt grüner Salat.

Wär ich eine Termite, würde ich die Tirteln mit Sägespänen füllen, aber nur vom Walnussbaum, das kommt einfach besser. Lassen Sie Ihre Kinder doch mal durchkonjugieren, womit andere Tiere die Tirteln füllen würden. Ich bin sicher, das werden interessante Ergebnisse!

Auch das ist eines der Rezepte, das eine stabile Galle voraussetzt, eine solide Gesundheit und einen Riesenappetit. Tirteln oder Tirtlan sind mit den Schlutzkrapfen *das* Pustertaler Nationalgericht. Nirgends, natürlich, schmecken sie so wie dort und schon die in Bozen haben keine Ahnung davon, wie man die richtigen Tirtlan zu machen hat. Na ja. Es gibt sie mit verschiedenen Füllungen, die beste ist die mit Tschotte (= Topfen, aber säuerlich und sehr trocken) und Spinat. So dachte ich auch jahrelang, bis ich die ersten Ravioli in Bozen beim Cesare aß und vor Begeisterung nicht wusste, wohin. Denn: Die schmeckten von der Füllung her genau so wie die Tirtlan, nur nicht annähernd so mächtig, und man war nach dem Essen auch nicht tot. Ein richtiges Tirtl hat nämlich Tellergröße, ist in Fett gebacken und hat entsprechendes Gewicht. Anne war neugierig auf die Tirteln und wollte probieren. Kann man so etwas den Rheinländern beibiegen – und wenn ja: Wie müsste man das Rezept verändern, um es präsentieren zu können?
Wenn man alles etwas leichter macht, das Roggenmehl im Teig weglässt (Die Darmsensiblen werden es einem danken.), nicht Sauerkraut für die Füllung nimmt, sondern Quark und Spinat, kommen wir der Sache näher. Dann kommt noch eine Prise Parmesan dazu – und schon haben wir ein Gericht, das alpin mit mediterranem Touch ist und das die Rheinländer, die ja auch die einzig mediterranen Menschen in Deutschland sind, überzeugen wird. Übrigens passt dazu ausgezeichnet ein Kölsch!

Blinis

Zutaten für 4 Portionen
½ Würfel Hefe
300 ml lauwarme Milch
300 g Buchweizenmehl
1 EL Honig
1 Ei
1 Prise Salz
2 Eiweiß
Butter oder Öl zum Braten

Beläge nach Wahl
Räucherlachs und Graved Lachs
Fischrogen
Kaviar
Limettensaft
Crème fraîche
Salz

Hefe in lauwarmer Milch auflösen. Mehl zugeben, mit Honig gut verrühren und mindestens 2 Stunden – besser über Nacht – ruhen lassen. Ei und Salz einrühren. Eiweiße steif schlagen und behutsam unterheben. Mithilfe eines Esslöffels circa 12 Portionen ausstechen. Zu kleinen Fladen formen und in Butter oder Öl goldgelb backen.
Blinis je nach Geschmack mit Lachs, Rogen, Kaviar etc. belegen. Mit etwas Limettensaft beträufeln und einen Klecks Crème fraîche aufsetzen. Zum Schluss eventuell noch mit Salz bestreuen.

Gut: Palatschinken sind größer, Crêpes sind dünner, Pfannkuchen sind noch derber und meistens solche Lappen, dass man den ganzen Tisch damit verpacken kann. Blinis aber haben die goldene Mitte: gerade so viel Teig, dass man das, was drauf ist, lecker schmecken kann, und so formstabil, dass man den Belag runteressen und den Blini als Minifrisbee einsetzen kann, zum Beispiel um Schlüssellöcher abzudecken – was eine professionelle Wurftechnik voraussetzt. Einfach probieren!

Schlutzkrapfen

Zutaten für 18–20 Schlutzkrapfen
500 g Weizenmehl plus etwas Mehl für die Arbeitsfläche
2 Eier
1 EL Öl
Salz
250 g frischer Blattspinat
125 g Ricotta
Muskatnuss, frisch gemahlen
1 Eiweiß
ca. 100 g Parmesan, frisch gerieben
60 g Butter

Mehl, Eier, Öl und 1 Prise Salz zu einem Teig verkneten. Es soll eine weiche, nicht klebrige Kugel entstehen. Circa 1 Stunde ruhen lassen. Dann den Teig auf einer bemehlten Fläche dünn ausrollen – ich nehme Frischhaltefolie, die ich bemehle; sie lässt sich nach dem Ausrollen einfach entfernen. Mit einer Tasse oder einem Glas – ich benutze dafür den Deckel vom Ricotta – 18–20 Scheiben ausstechen.

Spinat waschen, noch nass 2 Minuten in einem Topf gar dünsten. Etwas abkühlen lassen, mit der Hand sehr kräftig ausdrücken und mit dem Handmixer pürieren. Mit Ricotta mischen und mit Muskat und Salz würzen. In die Mitte der Teigscheiben je 1 TL Spinat-Ricotta-Füllung geben und so zuklappen, dass der Rand der einen Teigseite etwas übersteht. Mit leicht verquirltem und mit ein paar Tropfen Wasser verdünntem Eiweiß bestreichen und gut zusammendrücken.

Die Schlutzkrapfen in siedendem Salzwasser 5 Minuten garen lassen. Dann herausheben, abtropfen lassen und auf Teller verteilen. Mit Parmesan und zerlassener Butter überziehen.

Variante: Dinkel- oder Kamutmehl im Verhältnis 1:1 mit Weizenmehl mischen.

Natürlich in Südtirol erfunden, natürlich ein Südtiroler Nationalgericht und wer mir mit TortelliniTortelloniMaultaschenWanTansRavioliBaoziBorakiBanschChinkaliChükaman-EmpanadaGyözaKreplachKärntnerNudelMomoPelmenPiroggenSamosaSiopaoTscheburekUszka oder Warenik kommt, hat wohl noch nie was von gefüllten Teigtaschen gehört, was?!? Das sind nämlich nur und ausschließlich die Südtiroler Schlutzkrapfen – und sonst nix!

lstrudel

uf der nächsten Doppelseite

ROSTFREI

Kohlstrudel

Zutaten für 4 Portionen

Für den Teig
350 g Mehl plus etwas Mehl für die Arbeitsfläche
1 großes Ei
1 EL Wok-Öl
etwas Salz

Für die Füllung
1 kg Weißkohl
50 g Salz
mehrere Knoblauchzehen
Öl zum Braten und Beträufeln
150 g Schafskäse
1 Eiweiß

Für den Teig alle Zutaten mit 125 ml lauwarmem Wasser gut verkneten und mindestens 30 Minuten ruhen lassen.
Für die Füllung Weißkohl putzen und mit der Schneidemaschine oder einem großen, scharfen Messer in feine Streifen schneiden. Gut mit dem Salz vermischen, dann in eine Schüssel geben und mit einem schweren Topf (eventuell mit Wasser gefüllt) beschweren. Das sollte ein paar Stunden vor der Weiterverarbeitung geschehen. Kohl abspülen und abtropfen lassen.
Knoblauchzehen schälen. Den Kohl in einem Topf in heißes Öl geben. Die Knoblauchzehen dazupressen und alles 10–15 Minuten anschwitzen, dabei darf der Kohl etwas braune Farbe annehmen.
Den Backofen auf 200 °C Ober-/Unterhitze (180 °C Umluft) vorheizen. Den Strudelteig halbieren – ich rolle ihn immer auf bemehlter Frischhaltefolie auf etwa 40 × 50 cm aus. Darauf die Kohlmasse geben, dabei an der oberen Seite einen breiteren Rand lassen – der wird als Endstück eingerollt. Den Schafskäse über den Kohl bröseln. Nun mithilfe der Klarsichtfolie den Strudel einrollen. Das Eiweiß kurz verschlagen, auf die Strudelränder streichen und die Ränder andrücken. Etwas Öl auf den Strudel träufeln. Strudel für 40 Minuten in den Ofen schieben.

Variation mit Rotkohl

Zutaten für 4 Portionen

1 kg Rotkohl
50 g Salz
2–3 EL Apfelkraut
100 g dünner, roher Schinkenspeck
1 EL Aceto balsamico
150 g Schafskäse

Rotkohl wie den Weißkohl mit Salz vorbereiten. Den ausgerollten Teig mit Apfelkraut bestreichen – dazu eignet sich zum Beispiel ein Tortenheber gut. Schinkenspeck in einer Pfanne anbraten und mit Aceto balsamico ablöschen. Den Rotkohl auf den Teig geben und den Schafskäse darüberbröseln. Als Strudel weiter zubereiten, wie im Rezept mit Weißkohl beschrieben.

Weil man sich bei diesem Rezept extrem konzentrieren muss, hilft als Training ein Zungenbrecher:
„Brautkleid bleibt Brautkleid
und Blaukraut bleibt Blaukraut."
Am besten mit einem Löffel Rotkohl im Mund. Dann aber nicht spucken!

Kleine Kartoffelpuffer

Zutaten für 4 Portionen
1 kg mehligkochende Kartoffeln
1 Gemüsezwiebel
3–4 Eier
2 EL Kartoffelmehl
Muskatnuss, frisch gemahlen
Salz
Pfeffer, frisch gemahlen
Öl zum Braten

Die Kartoffeln schälen, reiben und in einem sauberen Küchentuch auspressen.
Die Zwiebel schälen, in die Kartoffelmasse reiben und alles mit den restlichen Zutaten außer dem Bratöl gut verrühren.
Reichlich Öl in einer weiten Pfanne erhitzen. Mit einem großen Esslöffel Teigportionen ins Fett geben, gegebenenfalls etwas flach drücken und bei mäßiger Hitze von beiden Seiten schön knusprig backen.
Wer will, gibt noch Zucchinistreifen hinein, dann die entsprechende Menge Kartoffeln weglassen. Oder man nimmt Blattspinat, fein gestiftelte Möhren oder auch geriebene Süßkartoffel. Es geht auch nur mit Kräutern im Teig wie Petersilie, Schnittlauch, Majoran, Thymian oder, oder, oder. Und dann je nach Geschmack mal in Rapsöl, Olivenöl oder Sonnenblumenöl backen. Einfach alles mal probieren!
Dazu rohes Tatar, siehe Rezept auf Seite 56!

„Als der dicke, fette Pfannekuchen fertig war, sprang er aus der Pfanne, hüpfte zur Tür hinaus und lief – kantapper, kantapper – in den Wald hinein." So heißt es im Märchen vom dicken, fetten Pfannekuchen – und genau das ist der Grund für dieses Rezept: Die kleinen Kartoffelpuffer können nicht so hoch springen. Guten Appetit!

Tartar

Zutaten für 4 Portionen
5 Anchovisfilets
2 EL Kapern
500 g Rindertatar vom Filet oder aus der Hüfte
4 Eigelb
1–2 EL Worcestersauce
½ EL Dijonsenf
ca. ½ TL edelsüßes Paprikapulver
4 EL Olivenöl (oder auch mehr)
Salz
schwarzer Pfeffer, frisch gemahlen – falls kein Meerrettich zur Hand sein sollte
1 kleines Stück frischer Meerrettich

Anchovisfilets und Kapern klein hacken. Beides gut mit Tatar, Eigelben, Worcestersauce, Dijonsenf, Paprikapulver und Olivenöl vermengen. Mit Salz und eventuell Pfeffer würzen. Klein gehackte Cornichons würden auch noch reinpassen, aber manchmal ist weniger mehr.
Espressotassen oder kleine Gläser mit Frischhaltefolie auslegen und die Tatarmasse dicht einfüllen. Dann auf Teller stürzen. Nach Belieben Meerrettich daraufraspeln.

Alternative Anrichteweise: Sie können aus dem Tatar mit zwei Löffeln schöne Nocken ausstechen und jeweils drei Stück auf Teller mit einem Salatbeet setzen.

Wäre Tatar ein Piratengericht, hieße es Korsar. Weil aber die Piraten keinen Sattel haben, unter dem sie das Rinderfilet mürbe reiten könnten, haben das die Tartaren erledigt – und nun heißt das Gericht so bis ans Ende der Welt.

Le Tartare

So ein früh'rer Rittersmann
hatte sehr viel Eisen an,
die meisten Ritter, muaß ich sag'n,
hat deshalb der Blitz erschlag'n.
Ja, so warn's.
ja, so warn's,
ja, so warn's, die alten Rittersleut'.

Hatt' ein Ritter den Katarrh,
damals warn die Mittel rar,
gab man ihm ein Trumm Tartar,
schon war weg er, der Katarrh.
Ja, so warn's.
ja, so warn's,
ja, so warn's, die alten Rittersleut'.

(frei nach Karl Valentin)

Wie man das Wort „Worcestershiresauce" richtig ausspricht, habe ich im Rheinland gelernt. Tatar, eines meiner Lieblingsessen. Und dazu ein kühles, herbes Bier – tut mir leid, aber Pilsner Urquell ist da mein Favorit, vielleicht noch Jever, aber süßer geht gar nicht. Ich also als Student in den „Bären" in Bonn und orderte ein Tatar. Es kam ein mächtiger Teller und obendrauf thronte der Eidotter. Der Kellner stellte mir alles hin und sagte dann: „Ah, dat hätt ich jetzt beinah verjesse." Er eilte davon, kam mit einem Fläschchen wieder und meinte: „Ohne dat jeiht nix: Worschesstersoße." Und ging wieder. Worschesster! Klingt das nicht herrlich? Von wegen (mit spitzen Lippen zu sprechen): „Woooster-shaia-sooßä", grauenhaft. Tatar ist und bleibt ein Lieblingsgericht von mir, allerdings niemals mit der Worschessterfläsch, das geht bei mir höchstens zu einem Stück gegrillten Huftieres. Gutes Tatar ist Vertrauenssache, das kannst du nicht überall ordern. Mein bestes habe ich in Zorneding gegessen (Was Wunder: Der Wirt ist, wie so oft in Bayern, auch Metzger.) und einmal bin ich reingefallen: Ich hatte in Düsseldorf einen Auftritt in der Altstadt. Vor dem Auftritt kam der Jung und fragte, ob ich nicht was essen wolle, sie hätten ein sehr leckeres Tatar da. Na ja, ich überlegte nicht lange und bestellte. Schmeckte was scharf, aber lecker und fein. Ich machte meinen Auftritt, ich fuhr nach Hause, ich trank noch ein Gläschen feinen Frühburgunder vom Werner Näkel aus Dernau an der Ahr, dann legte ich mich hin. So gegen 5 Uhr katapultierte es mich aus dem Bett, ich hechtete ins Bad – und los ging's. Drei, vier Stunden später beruhigte sich mein Inneres, nachmittags war ich wieder fit und abends spielte ich in Köln. Ich erzählte Franco und seiner Crew im Senftöpfchen-Theater die Geschichte, da sagte einer: „Nee, nee, Herr Beikircher, selber schuld! Wie kann man auch ein Tatar in Düsseldorf essen!" Wat soll ich dazu sagen?!?

Katharinenbrot

Zutaten für 4 Portionen

Gewürzmischung „Ô Kathrin" für das Katharinenbrot, Vorratsmenge
200 g Koriandersamen
150 g Fenchelsamen
80 g Anis
70 g Kümmel
40 g grobes graues Meersalz – auf 1 kg Mehl kommen 80 g dieser Gewürzmischung

Für das Brot
1 kg Roggenmehl
2 Pck. Trockenhefe
2 TL Salz – am besten graues Salz aus der Guérande
2 Pck. Fertigsauerteig – aus dem Reformhaus oder Bioladen
80 g Gewürzmischung „Ô Kathrin" (siehe Rezept)

Für die Gewürzmischung alle Zutaten vermischen und dann in ein verschließbares Gefäß füllen.
Für das Brot alle Zutaten mit 600–650 ml lauwarmem Wasser zu einem weichen Teig verkneten – entweder mit der Küchenmaschine oder eben wie früher mit den Händen. In eine mit Backpapier ausgelegte Kastenform geben und mindestens 2 Stunden zugedeckt aufgehen lassen, der Teig soll sich verdoppeln. Man kann ihn kühl gestellt auch über Nacht gehen lassen.
Den Backofen auf 180 °C Umluft vorheizen. Kastenform für 60 Minuten hineinschieben. In den letzten 10 Minuten die Temperatur auf 220–230 °C erhöhen. Die Form herausnehmen und das Brot stürzen. Auf einem Gitter auskühlen lassen.
Mit Kamutmehl – Kamut gibt's als ganzes Korn im Bioladen, dann mahlen lassen – wird das Brot eine Delikatesse. Es geht auch mit Dinkelmehl, ebenfalls etwas Feines.

Tipp: Für die Gewürzmischung können Sie beim Kümmel auch fifty-fifty Kümmel und Kreuzkümmel nehmen. Ausprobieren!

„Katharina, Katharina,
please bring down your concertina.
And play a welcome for me
'cause I'll be coming home from sea",
muss man beim Backen singen, sonst wird's
nix mit dem Brot.
Und jetzt alle:
„Katharina, Katharina,
please bring down your concertina.
And play a welcome for me
'cause I'll be coming home from sea."

Kamut und Dinkel
oder
Es muss heut' nicht was schlecht sein, nur weil's früher gut war!

Also, ich bin es leid – und zwar bis obenhin! Guckst du mal nach im Netz, weil du was über Weizen, Sorten oder was Ähnliches wissen möchtest, sind die ersten Stichwörter, auf die du stößt: Gluten! Zöliakie! Allergien! Die Deutschen haben da eine Panik, die ist weltweit einmalig. Dasselbe, wenn ich das mal aus eigener Erfahrung erzählen darf, bei der Besichtigung von Geburtsabteilungen und Kreißsälen, weil das langsam ansteht und man sich ein bisschen informieren möchte. Du bist keine zehn Minuten mit der kleinen Gruppe schwangerer Eltern da, da kommt schon die erste Negativfrage: „Ja, und wenn was schiefgeht? Wie ist da die Infrastruktur? OP? Intensivstation? Frühchen-Abteilung?" Ja, hallo? Geht's noch? Wenn ich schon vor der Geburt dran denke, was alles schieflaufen kann, muss ich mich doch nicht wundern, wenn es das tut, oder? Also: Getreide. Der normale Esser kennt Weizen, Roggen, Gerste, Hafer, Reis, Mais, Hirse – und dann stocke ich schon. Wenn du aber in manche Bioläden gehst, schmeißen sie dich tot mit Wörtern, die du noch nie gehört hast: Amaranth, Quinoa, Buchweizen, Tigerlotus, Nutzhanf und was weiß ich, was noch alles. Das ist, weil mehr als je zuvor in der Geschichte gesucht und neu entdeckt wird – und da helfen natürlich schon die „modernen" Krankheiten wie Glutenintoleranz etc., weil die mit einigen der alten Getreidesorten wie Buchweizen, Dinkel oder Kamut gut umgangen werden können. Und da kommt mir einmal mehr der Gedanke: Wie sind da die Menschen überhaupt draufgekommen? Ist das alles altes

Ägypten oder was? Nein, das ist noch viel älter! Als der Mensch von den Bäumen geklettert ist – das war, die Älteren werden sich noch daran erinnern, am 23. Mai 246.732 vor Christus und zwar in Windhoek, um genau zu sein –, stand er da und es war ihm klar, dass er jetzt nicht mehr von Früchten, sondern von der Jagd leben muss. So weit, so gut. Aber schmeckt denn Fleisch allein? Nö, da muss schon noch wat dabei: Reis, Nudeln, Polenta oder so. Also fing man an, wildes Getreide zu sammeln. Kamut, Dinkel, Emmer. Das war aber noch nicht alles. Es musste ja ständig verfügbar sein, also pflanzte man es an. Das hat aber lange gedauert, der Mensch war zwar vom Baum, aber die Intelligenz war oben geblieben, und erst in der Jungsteinzeit war es dann so weit: Man baute Getreide an. Seitdem ist die Welt so, wie wir sie kennen, da hat sich nicht mehr viel geändert, außer dass wir nicht mehr Mammuts jagen. Und weil wir ja alle Zivilisationskrankheiten haben – ich sage nur Zöliakie, Glutenunverträglichkeit, Haarausfall und Speichelfluss, um nur die wichtigsten zu nennen –, ist es ganz gut, wenn wir uns an die Getreide von damals erinnern und mal probieren. Ich sage Ihnen: Kamut zum Beispiel schmeckt fantastisch, Emmer kann man auch würgen und Dinkel, na, jeder Diabetiker ist froh, weil er dafür weniger spritzen muss als für den hochgezüchteten Weizen. Also, ich wollte nur mal ein gutes Wort für die alten Getreidesorten einlegen. Die Ernährungsarchäologen haben da doch das ein oder andere auf der Pfanne!

Rinderbraten

Zutaten für 4 Portionen
1 l kalte Gemüsebrühe
ca. 4 EL Aceto balsamico bianco
4 EL Olivenöl
1 EL Koriandersamen
5–6 Pimentkörner
1 TL bunte Pfefferkörner
1 EL Senfsamen
1 Zimtstange
1 kg Rindergulasch
900 g weiße Zwiebeln
Fett zum Braten
1 Tube Tomatenmark (200 g)
200 ml Rosé- oder Rotwein
Salz
Couscous-Gewürzmischung
100–150 ml Sahne

Es gibt das Kalb, es gibt die Kuh,
da kommt der Stier dann noch dazu.
Ob Galloway, ob schwarz, gelb, braun,
keiner kann dümmer, blöder schau'n.
Drum: Mitleid wär hier fehl am Platz,
genauer: Es wär für die Katz.
Ich will die Milch, ich will den Braten –
ob mit Püree oder Salaten.
Hauptsach', die Kuh kommt mit Propeller
ganz schnell in Scheiben auf den Teller.

Aus Gemüsebrühe, Aceto balsamico bianco, Olivenöl, Koriandersamen, Piment- und Pfefferkörnern, Senfsamen und Zimt eine Marinade herstellen. Das Fleisch damit umgeben und 1 Tag gut abgedeckt im Kühlschrank aufbewahren. Das Fleisch abtropfen lassen und anhaftende Gewürze entfernen.

Die Zwiebeln schälen und in dünne Ringe schneiden. Mit dem Fleisch in heißem Fett in einem Fleischtopf anbraten. Tomatenmark zufügen und mitbraten. Mit Wein ablöschen und 400–500 ml Wasser angießen. Die Marinade durchsieben und mit der Hälfte der im Sieb liegenden Gewürze zugeben. Etwa 2 Stunden bei halb aufgelegtem Deckel köcheln lassen. Mit Salz und Couscousgewürz würzen und die Sahne einrühren.

Dazu passen ein gutes Kartoffelpüree oder – noch besser – Serviettenknödel und ein grüner Salat.

Flönz (Blutwurst) mit Gänsestopfleber

Zutaten für 4 Portionen
4 Blutwürste, ca. 250 g
ca. 2 EL Mehl
1–2 EL Butter
1 Gänsestopfleber
Salz
weißer Pfeffer, frisch gemahlen
1 kleiner Schuss Brandy Carlos I oder bester Calvados
1 französisches Landbrot
frische Majoran- oder Thymianblätter zum Bestreuen

Blutwürste in dicke Scheiben schneiden, in Mehl wenden und in Butter kurz von beiden Seiten braten. Gänsestopfleber ebenfalls in gleichmäßig dicke Scheiben schneiden, etwas salzen und mit Pfeffer bestreuen. Dann in Mehl wenden und in einer Pfanne auf jeder Seite circa 30 Sekunden ohne Fettzugabe braten. Mit Brandy ablöschen.
In der Zwischenzeit das französische Landbrot in Scheiben schneiden und toasten. Dann daraus am besten mithilfe eines Metallrings Scheiben in Größe der Blutwurstscheiben ausstechen. Die Leber ebenso schneiden. Nun auf die Brottaler erst die Blutwurst-, dann die Lebertaler setzen und mit den Kräuterblättchen bestreuen.

Ein Anstandsrest Brandy oder Calvados sollte aber schon in der Flasche bleiben – egal, wie lange Sie in der Küche stehen!

efüllte Gans und Rotkohl

epte auf der nächsten Doppelseite

Gans

erfunden bei Stromausfall

Also, das ist so: Stromausfall hat man in den Bergen öfter als im Rheinland. Eigentlich ist es so, zumindest war das so in meiner Kindheit, dass der Stromausfall die Regel war und die Zwischenzeit, wo mal Strom da war, die Ausnahme. Sie werden es nicht glauben, aber: Ich war fünf oder sechs Jahre alt, da musste ich zum Zahnarzt, dem Herrn Hruschka, Vater zweier wunderbarer Töchter. Die eine, die Magda, hat dann meinen Lieblingscousin Wolfi geheiratet, aber das führt jetzt zu weit. Also: Es musste eine Plombe rein. Der Herr Hruschka fing schon an, mit dem Rosenbohrer den Zahn aufzubereiten, und zwar mit so einem, der mit einem komplizierten Gestänge betrieben wurde, mit Riemenantrieb. Heute weiß ich: Das hieß Doriot-Gestänge und war eine Foltermaschine ersten Grades, weil sie so langsam war. Der Herr Hruschka also legte sich ins Zeug wie weiland der Zahnarzt bei Wilhelm Busch, da kam, was kommen musste: Stromausfall. Weil mein Papa Chef des Elektrizitätswerks in Bruneck war, kamen natürlich Bemerkungen wie: „Oh, da hat dein Papa wohl den Stecker gezogen." Jedenfalls aber musste weitergearbeitet werden. Also setzte sich der Assistent, ich glaube, es war der Acherer Seppl, auf eine Art Fahrrad vor der Bohrmaschine und trat in die Pedale. Alles drehte sich wieder, wenn auch noch langsamer als vorher – und gefühlte zehn Jahre später durfte ich mich mit einer neuen Plombe vom Folterstuhl erheben. Toll. Also, Stromausfall und Gans, da waren wir dran. Stromausfall war, wie gesagt, häufig, dennoch hatte man mittags Hunger und wollte was essen. Wenn nun was Feierliches auf dem Speiseplan stand wie zum Beispiel Gans, musste man erfinderisch sein, wollte man den Stromausfall umgehen und trotzdem was zu essen bekommen. Irgendeiner hatte die Idee – und sie griff schnell um sich: Man muss so eine Gans nicht bei 220 °C bräteln, nur damit's schnell geht. Man kann sie auch bei 80 °C, dann aber 6, 7 oder 8 Stunden lang, langsam kommen lassen. Und 80 °C, das kriegt man ja fast mit dem Feuerzeug hin, oder?!? Also: ein paar heiße Ziegel in die Röhre gelegt, die Gans dazu und abends ist sie dann fertig. So war das damals und so ist es auch heute noch superb. Im Ernst, die Niedrigtemperaturmethode ist eine wirklich tolle Idee: Das Fleisch wird zarter gebraten, es bleibt wesentlich saftiger als bei jeder anderen Garmethode, es tropft dir quasi auf die Gabel und schmilzt im Mund, es ist einfach ein Hochgenuss. Guten Appetit!

Gefüllte Gans, bei Niedrigtemperatur gegart

Zutaten für 4 Portionen
4–5 altbackene Brötchen
1 rote Zwiebel
1 Granny-Smith- oder Boskop-Apfel – wer's säuerlich mag
4 frische Feigen
4 g Trockenpflaumen
½ Bioorange
6 Zweige Thymian
1 Gans bester Qualität
Salz
Pfeffer, frisch gemahlen
2 EL Honig
2 EL Senf

Ich weiß, Brötchen sind keine Quadrate, aber die Brötchen würfeln, so gut es geht. Zwiebel schälen und in Halbmonde schneiden. Apfel schälen, entkernen und in Scheiben schneiden. Feigen vierteln, Trockenpflaumen halbieren, Orange klein schneiden. Thymianblättchen abstreifen. Alles vermischen.
Bürzel und dicke Fettpartien der Gans abschneiden. Gans innen und außen kräftig mit Salz und Pfeffer würzen. Füllung hineingeben und die Öffnung mit Zahnstochern verschließen. Backofen auf 200 °C Ober-/Unterhitze vorheizen. Die Gans mit der Brust nach oben auf den Rost mit untergelegter Fettpfanne legen und 1 Stunde braten.
Dann die Temperatur auf 80 °C reduzieren. Am besten die Ofentür kurz öffnen, um einen schnellen Temperaturrückgang zu erreichen. 7 (!) Stunden garen. Während dieser Zeit die Ofentür nicht öffnen.
Honig und Senf mischen und mit Salz und Pfeffer würzen. 30 Minuten vor Ende der Garzeit auf die Gans streichen. Nun die Temperatur auf 180 °C erhöhen.
Als Beilage Rotkraut mit Kirschen (Rezept auf Seite 69) oder Knödel reichen.

Rotkohl mit Kirschen

Zutaten für 4 Portionen
1 kg Rotkohl
1 Apfel
1 rote Zwiebel
2 EL Olivenöl
6 Wacholderbeeren
2 Nelken
200 ml Gemüsebrühe
125 ml Rotwein
Saft von 1 Zitrone
300 g TK-Kirschen, entkernt
etwas Zucker
Salz
Pfeffer, frisch gemahlen

Rotkohl fein schneiden – das geht mit der Brotschneidemaschine sehr gut. Den Apfel schälen, entkernen und würfelig schneiden. Zwiebel schälen, würfeln und in Olivenöl hell andünsten. Rotkohl, Wacholderbeeren und Nelken hinzufügen und alles gut verrühren. Mit Gemüsebrühe und Rotwein auffüllen und 20 Minuten köcheln lassen. Mit dem Zitronensaft abschmecken. Kirschen auftauen lassen, eventuell entkernen und mit dem Auftausaft hineingeben. Nochmals 20 Minuten köcheln lassen. Mit Zucker, Salz und Pfeffer abschmecken.

Rot, rot, rot
sind alle meine Kleider.
Rot, rot, rot
ist alles, was ich hab.
Darum lieb ich alles, was so rot ist,
weil mein Schatz ein Rotkohlzüchter ist.

Saure italienische Kalbsnierchen

Zutaten für 4 Portionen
400 g Kalbsnieren
4 Schalotten
1 EL Butter
4 EL Olivenöl
Mehl zum Bestäuben
1 Schuss milder Essig
150 ml Fleischbrühe
Salz
Pfeffer, frisch gemahlen
ein paar frische Thymianblättchen
80 ml Sahne

Die Nierchen am besten vom Metzger putzen lassen – der hat die feineren Klingen. Sonst muss man sie eben selbst enthäuten und von den Harnsträngen befreien. Nieren der Länge nach durchschneiden. Schalotten schälen, in feine Ringe schneiden. In einer Pfanne zuerst die Butter auslassen, dann das Öl zugeben und die Schalotten darin anbraten. Nierchen zugeben und kräftig anrösten. Mit wenig Mehl bestäuben und einmal gut durchschwenken. Erst mit Essig ablöschen und dann die Fleischbrühe angießen. Circa 10 Minuten garen. Mit Salz, Pfeffer und Thymian würzen. Gegen Ende der Garzeit die Sahne einrühren.
Was dazu schmeckt? Bratkartoffeln natürlich!

Wenne essen italienische Kallebassanierecken, kannest du machen kleine Übung: Musse nur zawischen die Konosonanetena immer eine Vokale eineschaleusena unede du saparеckena perfetto Italiano! Hält einen ganzen Abend und macht Spaß, besonders bei Orten, zum Beispiel Kanapesacka Hurrata = Knapsack-Hürth.

Ei mit Petersilie oder gebacken oder als Hirnpofesen? Saure Lüngerln? Be
alles Fehlanzeige. Dann vielleicht mal eine der Königinnen der Innereien
ranem Gewand? Ich meine: Er fährt ja nicht nur nach Mallorca in den
Jürgen Drews, er fährt ja auch gerne nach Italien. Also: Rognoncini? Kal
Isse wunnederabar, ganneze farische unede nur kureze ine Pafanne gescha
Es ist fast ein italienisches Nationalgericht und wenn die Franzosen nicht
Essen von den Italienern gelernt hätten (Wissen Sie noch: Caterina de'
hat den französischen König Heinrich II. geheiratet, die Hugenotten zu
umbringen lassen, aber ansonsten war sie eine sehr nette Frau, die den Fran
Essen, Manieren und vernünftiges Kochen beigebracht hat, wovon die Bo
heute nix mehr wissen wollen.), würden sie bestimmt behaupten, dass die
bare Gericht „Nierchen in Senfsauce" sie erfunden hätten. Wenn man a
vergessen, es geht darum, den Rheinländer von gutem Essen zu überzeugen
weglässt und stattdessen mit Essig säuert, was dem Rheinländer ja lieber
weil es ja Düsseldorfer Löwensenf sein könnte und der geht ja gar nicht, d
Gericht auch in Köln Chancen, oder?!? Versuchen Sie es doch mal, Sie n
nicht selber essen, einfach Gästen vorsetzen, die es sich nicht leisten könn
sagen – und schon ist der Abend in trockenen (nein: feuchten) Tüchern!

Ente nach Bauernart und Risotto mit Pilzen

Rezepte auf der nächsten Doppelseite

Kriegt 'ne Ente Rente?
Kriegt mein Sohn Pension?
Oder ein Page Apanage?
Ein Bundeskanzler Gage?
Doch, doch, sie werden zahlen –
mit Rotkohl, frisch gemahlen,
mit Pfeffer, fein in Scheiben,
und Thymian zum Reiben.
Und dann kommt sie, die volle,
die tolle Kasserolle.
Die Ente war'n Gedicht!
Ja oder vielleicht nicht?
Tach, Ente, du sollst leben,
wir geh'n noch einen heben!

Ente nach Bauernart

Zutaten für 4 Portionen

Für die Ente
1 Ente von 3 kg, küchenfertig
Salz
Pfeffer, frisch gemahlen
1 kleines Bund Thymian
250 ml Gemüsebrühe
100 ml Calvados

Für den Rotkohl
1 kleiner Kopf Rotkohl
1 Apfel, gerieben
1 Schuss Aceto balsamico
Salz
2 Lorbeerblätter

Für die Beilage
4 kleine Äpfel
4 kleine Zwiebeln
20 g Butter
Salz
Zucker
3 Stücke Spekulatius

Für die Ente den Ofen auf 220 °C Ober-/Unterhitze (200 °C Umluft) vorheizen. Die Ente innen und außen mit Salz und Pfeffer würzen und den Thymian hineinstecken – ein paar Thymianzweiglein im Bauch hat sie immer gern. In eine Bratform setzen, etwas Gemüsebrühe angießen, 90–120 Minuten in den Ofen schieben. Weitere Gemüsebrühe nach und nach hinzufügen. Zwischendurch die Ente mit dem Bratenfond übergießen. Zum Schluss mit Calvados ablöschen.
Für den Rotkohl den Kohlkopf putzen, in dünne Streifen schneiden und in einen Topf geben. Apfel schälen, entkernen und reiben. Zusammen mit Aceto balsamico, 1 Tasse Wasser, etwas Salz und Lorbeerblättern circa 30–40 Minuten kochen, bis der Rotkohl weich ist.

Für die Beilage die Äpfel schälen, entkernen und in Scheiben schneiden. Die Zwiebeln schälen und in Ringe schneiden. Äpfel und Zwiebeln in Butter mit je einer Prise Salz und Zucker weich dünsten. Falls die Mischung zu trocken wird, etwas Wasser zugeben.
Ente aus dem Ofen nehmen und tranchieren. Den Fond durch ein Sieb in eine Kasserolle geben und das Fett abschöpfen. Spekulatius im Fond auflösen, alles noch einmal erhitzen und mit Salz und Pfeffer abschmecken.
Die Ente mit Sauce, Rotkohl und der Apfel-Zwiebel-Beilage auf Tellern verteilen. Dazu passt ein cremiger Risotto, zum Beispiel mit Pilzen (Seite 77).

Risotto mit Pilzen

Zutaten für 4 Portionen

Für den Fond
30 g getrocknete Pilze, z. B. Steinpilze
1 Kalbsmark- oder Rindermarkknochen
1 EL Butter
100 ml Weißwein
Salz
Pfeffer, frisch gemahlen

Für den Risotto
250 g frische Pilze,
je nach Saison Steinpilze
oder Pfifferlinge
1 Zwiebel
20 g Butter
300 g Risottoreis
Salz
Pfeffer, frisch gemahlen

Ich nehme immer etwas Reis mit, wenn ich in den Wald gehe, am liebsten Arborio. Und wenn ich ein paar Pilze sehe, im Schatten eines Baums mit Moos, dann streu ich ein Pfund Reis dazwischen und nach drei Monaten komm ich wieder. Dann ist der Reis aufgegangen, die Pilze haben ihm Geschmack gegeben. Jetzt nur noch etwas Pfeffer drüber und mit dem Löffel Risotto und Pilze vorsichtig aus dem Waldboden stechen. Köstlich. Einfach köstlich.

Für den Fond die getrockneten Pilze circa 1 Stunde in lauwarmem Wasser einweichen. Pilze aus der Flüssigkeit nehmen und das Pilzwasser durchsieben. Knochen in Butter anrösten. Mit Wein und 600–800 ml Wasser ablöschen. Pilze und Pilzwasser zugeben. Circa 15–20 Minuten köcheln lassen. Salzen und pfeffern. Fond durch ein Sieb geben. Warm halten.

Für den Risotto die Pilze reinigen und in kleinere Stücke schneiden. Zwiebel schälen und fein hacken. Zwiebel in einem Topf in Butter glasig andünsten. Den Reis einrühren. Dann unter ständigem Rühren etwas warmen Fond angießen. Nach und nach immer dann weiteren Fond angießen, wenn der Reis die vorhandene Flüssigkeit aufgenommen hat. Nach circa 10 Minuten die Pilze mit einrühren. Erst zuletzt mit Salz und Pfeffer würzen. Am Ende soll der Reis nach Geschmack bissfest oder weich und die Gesamtkonsistenz gebunden sein.

Ente nach Bauernart
oder
Die Haut ist die Krachlederne der Ente

Also, über Enten kann ich jetzt nicht viel erzählen, aber über Pfauen. (Man kann aber auch Pfaue sagen, entscheiden Sie selbst, mir gefällt Pfaue besser, aber wer fragt mich denn schon.) Den ersten Pfau in meinem Leben habe ich in Pfalzen gesehen, einem Dorf bei Bruneck. Er stolzte auf dem Giebel eines Bauernhofs, blitzte in die Gegend und wehe, etwas bewegte sich, zum Beispiel ich, als ich auf den Bauernhof zuging. Er fing so laut an zu schreien, dass mir das Herz stehen blieb – und das ist auch der Grund, weshalb so viele Bauern in den Bergen Pfauen halten beziehungsweise gehalten haben. Ob sie das heute noch tun, weiß ich nicht, wahrscheinlich haben sie mittlerweile chinesische Kameras in die Geranienstöcke eingebaut, mit denen sie ihre Balkone schmücken, da hätte ein Pfau ja sowieso nicht Platz. Der Pfau hat einen Hof besser bewacht, als es Gänse jemals tun könnten, auch wenn die damals im alten Rom mit ihrem Geschnatter die Stadt retteten. 387 vor Christus, es kann auch 388 gewesen sein, standen die Gallier vor den Toren Roms, Methusalix natürlich in vorderster Front, und wollten nachts Rom überfallen. Weil die Gallier aber immer schon Schmecklecker waren, wollten sie zuerst die Gänse vom Capitol holen, die waren von den Priestern prächtig herausgefüttert und versprachen außer einem tollen Braten auch eine saftige Gänsestopfleber – und dafür tut der Gallier einfach alles. Kurz und gut: Methusalix schleicht in die Stadt, schnappt sich eine der Gänse und bringt sie raus, Troubadix freut sich darüber so, dass er sein legendäres Triumphgeheul anstimmt, das wiederum hören die Gänse und kriegen sich über dieses Pop-Gezeter nicht mehr ein. Um es zu übertönen, fangen sie selber an zu singen, das wiederum weckt die Römer aus ihrem Schlaf und nun bekommen sie mit, dass die Gallier ihre Stadt überfallen wollen und wehren sich. Seitdem sind die Gänse heilig. Aber schmecken tun sie immer noch! Und wo wir gerade am Warten sind, ob die Ente nicht bald fertig ist, kann ich auch gleich ein großes Rätsel der römischen Geschichte lösen: die Varus-Schlacht. Angeblich 9 nach Christus geschlagen und Hermann der Cherusker soll dabei 19.000 römische Legionäre platt gemacht haben. Alles gelogen! Die Schlacht hat niemals stattgefunden und das kam so: Varus und seine 19. Legion waren in Haltern stationiert. Haltern! Sie können sich vorstellen, dass das für einen verwöhnten Großstädter der Hammer gewesen sein muss. Rundherum nix wie Wald und Westfalen! Wer sich da etwas Luxus leisten wollte, musste tief in die Tasche greifen, aber woher das Geld nehmen? Da hatte der Zahlmeister von Varus eine geniale Idee: „Wir melden einfach mehr Legionäre nach Rom, als wir haben, bekommen mehr Sold geliefert und den stecken wir ein." „Ja, gut", meinte Varus, „aber 50 % für mich." Und alles war geritzt. Im ersten Jahr meldeten sie 1.000 Mann mehr, im zweiten – man hat eben gut bei den Westfalen rekrutiert – 7.000 Mann mehr und landete nach vier Jahren bei 19.000 Mann mehr. Das war eine satte Prämie! Dummerweise kam genau da die Nachricht, dass Kaiser Augustus einen Revisor zum Kasseprüfen schickt. Ja, jetzt war aber Panik angesagt! Was passiert, wenn rauskommt, dass da 19.000 Mann gefakt sind? Das bedeutet: im Circus Maximus den wilden Tieren vorgeworfen werden, aber mindestens. Da zeigte sich aber das wahre Talent des großen Varus: „Kein Thema, lieber Zahlmeister, die 19.000 sind doch alle im Teutoburger Wald in der Schlacht gefallen, hinterrücks von den Cheruskern erschlagen und ich mit! Und jetzt gib schon das Geld, ich bin dann mal weg!" Und ritt gemächlich in die untergehende Sonne nach Russland. So war das und nicht anders. Und als Augustus „Varus, Varus, gib mir meine Legionen wieder!" schrie, antwortete lakonisch sein rheinischer Kammerdiener: „Wie: Legionen?!?" Und aus die Maus. So, jetzt wird die Ente aber hoffentlich fertig sein, oder? Schauen Sie mal schnell nach in der Röhre! Ah, super! Und guten Appetit!

Kalbsleber mit karamellisierter Zwiebel

Zutaten für 4 Portionen
2 große rote Zwiebeln oder 3 mittlere oder 4 kleine
ca. 150 ml Olivenöl zum Braten und Frittieren
Zucker
1 Schuss alter Aceto balsamico oder Himbeer-Balsamessig zum Ablöschen
125 ml Fleischbrühe
1 EL Butter
4 Scheiben Kalbsleber
Salz
Pfeffer, frisch gemahlen
16–20 Salbeiblättchen

Zwiebeln schälen und in feine Ringe schneiden. In einer Pfanne in 1–2 EL Olivenöl hell anrösten. Den Zucker dazugeben und unter ständigem Rühren karamellisieren lassen. Dann mit Essig ablöschen und mit Fleischbrühe auffüllen.
In der Zwischenzeit die Butter in einer Pfanne schmelzen lassen und 1–2 EL Olivenöl hinzufügen, sobald die Butter nicht mehr spritzt. Die Leber darin von beiden Seiten kräftig anbraten. Zwiebeln mit der Brühe hinzufügen und alles mit Salz und Pfeffer würzen. Die Salbeiblättchen im restlichen Olivenöl frittieren. Kalbsleber auf Teller geben und den Salbei darüberstreuen.
Das Ganze auf Kartoffelpüree: eine Wucht!

Es gibt Bauern, die geben den Kälbern pro Gabel Heu einen Calvados. Nach ein paar Tagen hat sich das Kalb daran gewöhnt und verzichtet auf das Heu. Natürlich werden die nicht so opulent korpulent wie die anderen Kälber, dafür aber haben die eine Leber – einfach saaagenhaft!

Kalbsleber mit karamellisierter Zwiebel

oder

Zwiebeln häuten sich, Leber bleibt

Ich habe bei meiner Mama kochen gelernt, und zwar ziemlich systematisch. Ich habe so lange gequengelt, bis sie mir, als ich fünf wurde, sagte, dass wir jetzt loslegen könnten. Und zwar mit Zwiebeln schneiden. Sie dachte wohl, dass mich das abschrecken würde, und dann wäre der Fisch gegessen, aber nein, nicht mit mir. Es ging ein paar Jahre so und mit acht Jahren durfte ich mein erstes „Menü" kochen: Mein Bruder kam mit einer frischen Rehleber, die ihm ein Jäger gab, nach Hause. So, und jetzt solle ich was daraus machen. Gut: schnell eine Knorr-Tütensuppe für den ersten Hunger und einen Dr.-Oetker-Pudding für danach. Aber was tun mit der Leber? Ich wusste eines: in einer Pfanne Butter heiß machen, die Leber in dünnen Scheiben daran vorbeitragen, Salz, Pfeffer und etwas Salbei – und fertig ist die Laube. Ich habe es auch – fast – genau so gemacht, ich glaube, zehn Sekunden hatte ich die Scheiben in der Butter und dann ab auf den Teller. Das hat meinen Ruf innerhalb der Familie, ein begnadeter Koch zu sein, bis heute gefestigt. Ist das nicht toll? Diese Kalbsleber aber mit der karamellisierten Zwiebel, die ist der Hammer. Wenn Sie es hinbekommen, die Leber wirklich nur kurz, ich meine: K-U-R-Z, in der Pfanne zu schwenken, dann ist das ein Rezept, das man mit Fug und Recht göttlich nennen darf. Und erst die frittierten Salbeiblättchen!

Gut: Voraussetzung ist, Sie mögen Innereien. Wenn nicht, dann gehen Sie doch zu Mäckes oder knallen sich 'ne Curry zwischen die Kiemen. Und lassen Sie das Kochbuch hier, bevor Sie rausgehen, ja?!? Bei Ihnen ist es sowieso an der falschen Adresse!

Tafeltellerspitzsülze,
Tellerspitzsülzetafel,
Spitzsülzetafelteller,
Sülzetafeltellerspitz,
Sülzespitztellertafel,
Spitztellertafelsülze,
Tellertafelsülzespitz,
Tafelsülzespitzteller –
je spitzer der Teller,
desto sülzer die Tafel.
Weitermachen!

Tafeltellerspitzsülze

Zutaten für 4 Portionen

¼ Sellerieknolle
4 Möhren
1 Stück Petersilienwurzel – falls verfügbar
1 Bund Petersilie
ca. 1 l Tafelspitzbrühe (Rezept Seite 88)
500 g Tafelspitz, gekocht (Rezept Seite 88)
Sülzenpulver (gemahlene Gelatine, Aspikpulver) für 1 l Flüssigkeit
Aceto balsamico bianco
Salz
Pfeffer, frisch gemahlen

Sellerieknolle schälen und würfeln. Möhren und Petersilienwurzel schälen und in dünne Scheiben schneiden. Die Petersilie hacken. Das Gemüse in erhitzter Tafelspitzbrühe 15 Minuten kochen. Dann herausnehmen und abtropfen lassen.
Das Fleisch in der Brühe erhitzen. Herausnehmen und erst in dünne Scheiben, dann in Streifen schneiden. Das Gemüse klein schneiden. Die Sülze mithilfe des Sülzenpulvers (nach Packungsanweisung vorgehen) zubereiten, dabei die Tafelspitzbrühe und den Aceto balsamico verwenden. Mit Salz und Pfeffer würzen.
Gemüse und Tafelspitz portionsweise auf Tellern verteilen. Die Brühe darübergeben. Zum Festwerden für mindestens 3 Stunden in den Kühlschrank stellen.
Die Tafeltellerspitzsülze sieht in verschiedenen antiken Suppentellern besonders hübsch aus – und jeder Gast hat einen individuellen Teller.

Tafeltellerspitzsülze
oder
Im Winter, da schneit es, im Winter isses kalt,
immer kalt, immer kalt, immer kalt,
drum jon mir im Winter och gar nicht in der Wald,
in der Wald, in der Wald, in der Wald,

sondern bleiben lieber zu Hause und lassen uns als Echo der Kälte auf dem Teller eine traumhafte Tafeltellerspitzsülze schmecken. Wobei, Halt! Dieses Wort müssen Sie mal einem Engländer vorsetzen und ihn bitten, es auszusprechen: Ta-fel-tel-ler-spitz-sül-ze (klingt wie Teifeltellaspitzsulza). Er wird es nicht überleben, so komisch ist das in seinen Ohren. Egal. Tafeltellerspitzsülze klingt wie die westfälische Rache an den Spaniern für den Gazpacho, isses aber nicht, sondern schmeckt vorzüglich – egal, ob im Winter oder im Sommer. Statt Sülze, was das hochdeutsche Wort ist, kann man auch Aspik sagen, das wäre die süddeutsch-österreichische Variante und die schmeckt auch besser, sowieso. Woher allerdings das Wort „Aspik" kommt, weiß kein Mensch. Die Franzosen beharren drauf, dass ihre Redensart „froid comme un aspic" (kalt wie eine Viper) der Ursprung sei, was ich nicht glaube, denn Vipern haben in der Küche nix zu suchen und ringeln sich auch selten um Terrinen herum. Andere sagen, das habe mit dem Lavendelstrauch, dem großen Speik, zu tun, aber für mich ist Speik eher ein Deo beziehungsweise Rasierwasser oder so und bestimmt nicht eines der besten. Also: Man weiß nix. Und wer es erfunden hat, weiß auch keiner, vielleicht in Hilden ein Neandertaler, den es aus Mettmann ins Tal verschlagen hat, er hatte grad mal ein Kotelett als Proviant dabei, da ist ihm Essig drübergekippt und ein Kalbsknochen hat sich aufgelöst und ist zum Aspik gesuppt und das wäre es dann gewesen. Kurz: Man weiß es nicht. Aber: Es interessiert auch keinen. Und warum? Weil man, wenn man Aspik oder eben meinethalben Sülze (Lassen Sie sich vom Klang dieses schauderhaften Wortes nicht irritieren: Die Tafeltellerspitzsülze schmeckt wesentlich besser, als es das Wort jemals erahnen ließe!) auf dem Teller hat und das Säuerliche daran so mag wie ich, einfach nur glücklich ist und den Herrgott einen guten Mann sein lässt – und alles ist wieder so wie früher, als alles noch aus Holz war.

Tafelspitz

Zutaten für 4 Portionen

4–6 große Möhren
½ Sellerieknolle
1–2 große Lauchstangen
1 Gemüsezwiebel
1 Stück Petersilienwurzel
2 Knoblauchzehen
einige Stängel Blattpetersilie
2–3 Lorbeerblätter
Wacholderbeeren
1 EL Pfefferkörner
Salz
800–1.000 g Tafelspitz vom Rind oder Kalb

Das Gemüse putzen beziehungsweise schälen und in größere Stücke schneiden. Knoblauchzehen schälen, Petersilie hacken. Alles mit Lorbeerblättern, Wacholderbeeren und Pfefferkörnern in einen Topf geben. So viel Wasser einfüllen, dass später auch das Fleisch nach dem Einlegen bedeckt ist. Pro Liter Wasser 1 TL Salz hinzufügen. Zum Kochen bringen und dann erst das Fleisch hineinlegen. Circa 2 Stunden sanft köcheln lassen. Tafelspitz herausnehmen. Die Brühe durch ein Sieb geben und aufbewahren (zum Beispiel für Tafeltellerspitzsülze, Seite 85).

Den warmen Tafelspitz in dickere Scheiben schneiden und mit grüner Sauce oder warmer Meerrettichsauce servieren. Oder einfach in Suppentellern mit etwas warmer Brühe zu Bouillonkartoffeln servieren.

Kalt aufgeschnitten eignet sich das Fleisch bestens für Tafeltellerspitzsülze (Seite 85).

Tafelspitz ist kein Hund,
Tafelspitz ist kein Witz,
Tafelspitz ist ein Gedicht,
ohne Reim, aber fein.
Und zum Schluss ein Genuss
und mit Kren besonders schön.

Tafelspitz
oder
Je tafel der Spitz, desto spitzer die Tafel

Hätten die Kühe geahnt, dass ihr Fleisch mal als Tafelspitz *das* österreichische Nationalgericht werden wird, sie hätten das ganze k. u. k. Kaiserreich weiträumig umgangen. Wussten sie aber nicht – und jetzt hammer den Salat: Tafelspitz ist ein Heiligtum. Tafelspitz wird schärfstens unterschieden von zum Verwechseln ähnlichen Fleischsorten wie Kavalierspitz, Schulterscherzel, weißes Scherzel, Hüferscherzel, mageres Meisel, Kruspelspitz. Wörter, die jeder Wiener im Tiefschlaf dahersagen kann. Gut, das ist die eine Seite. Die andere ist: Es gibt natürlich Tempel für den Tafelspitz – und da können sehr kuriose Sachen passieren!

Schloss Aigen in Salzburg während der Festspiele. Da sitzt nun die feine Gesellschaft nach der Oper, besser noch: statt der Oper. Man speist himmlisches Rindfleisch in allen Variationen, bestellt die nächste Flasche Smaragd, sitzt dann noch locker beisammen, man plaudert, aber keiner hört dem anderen richtig zu, weil jeder nur noch ein Problem hat: Wie bekomme ich Fleischfasern aus meinen Zahnlücken wieder raus? Jetzt Augen auf und einfach nur schauen, was passiert!

Da gibt es die Toilettengänger: Mit verzerrtem Gesicht stehen sie auf und verschwinden in Richtung Diskretion. Dort aber stehen sie in Viererreihen vor dem Spiegel, puhlen mit beiden Händen im weit aufgerissenen Mund herum, spucken oder schmieren die Reste an die Wand und benehmen sich überhaupt sehr mittelalterlich. Aber das weiß man ja: Nirgends benimmt sich die feine Gesellschaft rülpsender, als wenn sie nicht gesehen wird. Nach dieser Erleichterung kehrt der Toilettenjünger als Sieger an den Tisch zurück. Er weiß: Das, worunter die anderen noch leiden, hat er hinter sich. Nicht ohne Infamie verstrickt er sie nun in besonders anregende Gespräche, um sich an ihren Qualen weiden zu können.

Dann gibt es die Vorsorglichen. Sie verfügen über einen privaten Stocherkiel im Silberetui. Feinste Gans, zugespitzt, mit Silberfassung von Cartier. (Der Brite gibt Bambus den Vorzug, um zu suggerieren, er habe die Kolonialzeit noch nicht aufgegeben.) So gestylt darf gestochert werden. Elegant führen sie das Gerät zwischen die geschlossenen Lippen, ein kurzes Zuzeln, fertig ist der Fall. Hier gehen Luxus, Design und Notwendigkeit eine kokett-dezente Verbindung ein.
Die Fingerlinge sind ebenfalls eine Gruppe für sich: Mit dem Zeigefinger oder dem kleinen Finger – es soll Gourmets geben, die nur deshalb den Nagel am kleinen Finger lang tragen – wird gepuhlt, gestochert, gebohrt und geschabt, dass es eine Freude ist. Herrlich die Beidhänder: Mit der rechten Hand puhlen sie, was das Zeug hält, mit der linken versuchen sie, die Mundöffnung zu verdecken. Wie verzweifelt die Augen über den Rand der linken Hand schauen! Wie unterschiedlich Zäpfchen gebaut sein können! Filmreife Kleindramulette, eines Buñuel würdig.
Und es gibt die Biederen: Sie verlangen nach einem Zahnstocher und beweisen damit, dass sie nur zufällig in einen dieser Rindfleischtempel geraten sein können. Nachsichtig bringt man ihnen das Verlangte – und die Rechnung gleich mit.
Wie angenehm ist dagegen das Leben des Gebissträgers! Er isst, was er kann, verschwindet dann im Klo, wartet dort einen unbeobachteten Augenblick ab und – Schwupp! – Zähne raus, unters Wasser gehalten und – Schwupp! – Zähne rein, fertig ist die Laube. Das ist Fortschritt und Eleganz. Das ist die Überlegenheit des Alters und der Erfahrung. Das ist Freiheit! Und das ist der Grund, warum insbesondere ältere Menschen immer mehr zum Rindfleischkenner werden. Aber die treffen sich ja eh in Salzburg bei den Festspielen.

Es war ihm so mies,
es war ihm zum Kuscheln,
die Frau in Paris,
am Herd nur die Muscheln.
Die zog er sich rein
und schon ging's ihm besser,
dazu ein Glas Wein.
Er wurd' kess und kesser
und rief voller Laune:
„Mir war ja so mies,
mir war so zum Kuscheln,
die Frau in Paris,
am Herd nur die Muscheln.
Die zog ich mir rein
und schon ging's mir besser,
dazu noch ein Wein.
Ich wurd' kess und kesser
und alle sollen's hör'n:
Mir war ja so mies …"
Bitte individuell variieren!

Miesmuscheln

Zutaten für 4 Portionen
1 Gemüsezwiebel
5–6 Möhren
4 Knoblauchzehen
Olivenöl
2 Chilischoten
4 Lorbeerblätter
500 ml Weißwein
1 l Gemüsebrühe – immer noch ist die Gemüse- oder die Gemüsehefebrühe aus dem Reformhaus mein Favorit
evtl. 1–2 EL getrockneter Estragon
4 Zweige frischer Thymian
Salz
Pfeffer, frisch gemahlen
2 Lauchstangen
3 kg Miesmuscheln, küchenfertig
1 dickes Bund Blattpetersilie

Zwiebel und Möhren schälen und jeweils in Scheiben schneiden. Knoblauchzehen schälen und grob hacken. Alles in Olivenöl andünsten. Chilischoten und Lorbeerblätter hinzufügen und mit Weißwein ablöschen. Brühe angießen und erhitzen. Estragon und Thymian zufügen und mit Salz und Pfeffer herzhaft würzen. 10 Minuten köcheln lassen. Lauch putzen, gut waschen und in Ringe schneiden. Muscheln und Lauch dazugeben und weitere 10 Minuten kochen lassen. Zum Schluss die gehackte Blattpetersilie zugeben.

Tipp, und zwar ein ganz toller: Wenn der Sud – noch ohne die Lauchringe – stark eingekocht ist, kann man wunderbar Venusmuscheln darin garen und alles mit Linguine vermengen. Das sind dann die berühmten Linguine alle vongole. Zu Miesmuscheln finde ich übrigens auch Linguine passend. Oder geröstetes Brot, das geht immer! Und damit sich keiner an den Muscheln vertut, vor dem Kochen die geöffneten Exemplare wegwerfen und nachher die, die geschlossen geblieben sind.

Hausgebeizter Lachs

Zutaten für 4 Portionen
2 × 500 g gleich große Lachsfiletstücke mit Haut
4–6 Bund Dill
1 TL Wacholderbeeren
2 TL bunte Pfefferkörner
2 TL Koriandersamen – nicht in Holland im Coffee-Shop kaufen,
kann mit Marihuana-Samen verwechselt werden, obwohl …
4 TL grobes Meersalz
2 TL Zucker

Mit den Fingerspritzen über den Lachs gleiten, um zu erfühlen, ob noch Gräten im Fleisch stecken. Die Gräten gegebenenfalls mit einer Pinzette herausziehen.
Dillspitzen abzupfen und klein schneiden. Wacholderbeeren, Pfefferkörner und Koriandersamen mit dem Salz im Mörser verreiben. Mit Dill und Zucker vermischen.
Eine Lachshälfte mit der Haut nach unten auf ein Brett mit tiefer Saftrinne oder in eine Form legen. Die gesamte Kräutermischung gleichmäßig darauf verteilen. Nun die zweite Lachshälfte – jetzt mit der Haut oben – deckungsgleich auf die andere setzen. Gut beschweren. Ich nehme dazu einen wassergefüllten, gusseisernen Topf. Dann ab damit in den Kühlschrank!
Dann warten, warten und warten – in der Zeit kann man auch ein paar Geschichten lesen, oder? Jeden Tag einmal wenden und die ausgetretene Flüssigkeit abschütten. Nach 4 Tagen oder apres 4 jours, wie der Belgier sagt, endlich herausholen. Die anhaftende Würzmischung mit einem Messerrücken sorgfältig abstreifen. Nun das mürbe Lachsfleisch schräg und dünn aufschneiden.
Zu Kartoffelpuffern (Seite 55) servieren oder aufs große Buffet stellen.

Auf dem Klavier steht kein Glas Bier,
da steht ein Lachs, der ist aus Wachs,
und dicht dahinter steht der Günther,
bringt die Eier aus dem Weiher,
knallt die Pfoten auf die Noten,
und ist keck wieder weg.
Nur der Lachs, der aus Wachs,
steht auf Filz, bis er schmilzt. Äh …

Gebeizter Lachs auf Sauerkraut
oder
Fisch kann meer

Sauerkraut ist nicht unbedingt ein alpines Alleinstellungsmerkmal. Sauerkraut muss auch nicht so gemacht werden, dass es den ganzen Winter im Bottich überlebt. Sauerkraut muss auch nicht eine Erdumsegelung durchhalten und die Matrosen vor Skorbut bewahren. Sauerkraut gibt es im Osten zuhauf, wie überhaupt alles, was mit Kohl zu tun hat. Sauerkraut muss man auch nicht im Plastikbeutel oder in der Dose fertig kaufen, Sauerkraut kann man selber machen, frisch, rösch und viel schmackhafter als die Konserve. Sauerkraut ist aber – wenn man es auf diese etwas modernere Art für den sofortigen Verzehr zubereitet – auch genial kombinierbar, sogar mit Fisch wie zum Beispiel Lachs. Ich hatte Lachs und Sauerkraut das erste Mal in Meran auf dem Teller, einige Jahre her, und ich hatte bis dahin von so einer Kombination noch nicht gehört. Sauerkraut war für mich deutsch, Kantine, schmackhaft, aber mächtig – und der Bauch dankt es einem noch anderthalb Tage, in denen man vor lauter Blähungen nicht unter Menschen gehen sollte. Dennoch: lecker, ein Winteressen ohnegleichen, keine Schlachtplatte ohne Sauerkraut. Und überhaupt ein so deutsches Essen – obwohl die Russen, Polen und Tschechen wesentlich mehr Sauerkraut essen als wir –, dass uns die Amis und Briten gerne „Krauts" nennen. Und Wilhelm Busch hat es auch verewigt in den Versen:

Eben geht mit einem Teller
Witwe Bolte in den Keller,
daß sie von dem Sauerkohle
eine Portion sich hole,
wofür sie besonders schwärmt,
wenn er wieder aufgewärmt.

So weit, so gut. Nun saß ich also in Meran, hatte auf dem Teller Lachs auf Sauerkraut und dachte mir: „Lieber Blut- und Leberwurst oder eine Schlachtplatte, aber Fisch?" Und zögerte und stocherte ein bisschen und nahm schließlich ein bisschen Lachs und ein bisschen Sauerkraut auf die Gabel – und es schmeckte himmlisch. Nie hätte ich es für möglich gehalten! Und das in Meran war klassisches Sauerkraut, also wieder aufgewärmtes.

Fusilli oder Spaghetti mit Wirsing und Walnüssen

Zutaten für 4 Portionen
1 kleiner Wirsing
Salz
100 g rote Zwiebeln
2 Knoblauchzehen
Olivenöl zum Braten
200 ml Weißwein
400 ml Sahne
200 g roher Schinken
1 Spritzer Balsamico-Essig
500 g Fusilli oder Spaghetti
Butter für die Form
100 g Walnüsse
200 g Parmesan
Pfeffer, frisch gemahlen

Wirsing in dünne Streifen schneiden und für ½ Minute in kochendes Salzwasser geben, abgießen, möglichst kalt abspülen und abtropfen lassen. Zwiebeln und Knoblauchzehen schälen, fein hacken, in 1–2 EL Olivenöl hell andünsten. Mit dem Weißwein ablöschen. Sahne hinzufügen und die Sauce auf etwa die Hälfte einkochen lassen. Den Schinken in einer Pfanne in Olivenöl anbraten. Mit Balsamico-Essig ablöschen.

Den Backofen auf 220 °C Ober-/Unterhitze (200 °C Umluft) vorheizen. Die Pasta in Salzwasser knapp bissfest kochen und in einer gebutterten Auflaufform verteilen. Walnüsse hacken, Parmesan reiben. Schinken und Wirsing gleichmäßig auf die Nudeln geben. Die Sauce darübergießen. Erst Walnüsse, dann Parmesan aufstreuen. Die Form 10–15 Minuten in den Ofen schieben. Vor dem Servieren schwarzen Pfeffer auf die Nudeln mahlen.

Der Wirsing und die Nüsse,
die tauschen Zungenküsse
in einem noch viel größ'ren Mund.
Der jedoch lutscht die beiden rund
und ruft dann: „Hallo Mama,
die Nudeln sind der Hamma!
Es schmecken diese Nüsse
wie echte Zungenküsse!"

Marillenknödel (Topfenknödel)

Zutaten für 4 Portionen
500 g Quark (Topfen)
120–130 g Butter
2 Eier
ca. 250 g Mehl (hängt davon ab, wie flüssig der Topfen ist) plus etwas Mehl für die Hände
50 g Grieß
10 Aprikosen, ersatzweise Zwetschgen
10 Stück Würfelzucker oder 10 TL Rohrohrzucker
Salz
2–3 Handvoll Semmelbrösel
3 EL Zucker
evtl. etwas Zimt

Quark, 100 g Butter, Eier, Mehl und Grieß zu einem gleichmäßigen Teig verarbeiten und zu einer gleichmäßigen Rolle formen. Rolle in 10 gleich große Scheiben schneiden. Die Aprikosen entkernen. Je 1 Stück Würfelzucker in die Kernhöhle drücken oder Rohrohrzucker einfüllen. Die Hände sehr gut bemehlen und die etwas flach gedrückten Teigscheiben gleichmäßig um die Früchte wickeln und zu Knödeln formen. In leicht siedendem Salzwasser 20–30 Minuten ziehen lassen.
Die restliche Butter erhitzen. Semmelbrösel, Zucker und eventuell Zimt zur Butter geben und alles bröselig vermischen. Dabei immer schön umrühren!
Mit angebräunten gehackten Mandeln und selbst gemachtem Marillenmus – super!

Marillenknödel hat meine Mama ab und zu gemacht, aber nicht so gern. Das Rezept war ihr etwas zu simpel, glaub ich mal, oder die Früchte waren ihr zu säuerlich oder sie mochte Marillen nicht so gerne. Wir hatten zwar auch an der Hauswand einen Marillenbaum, aber wir Buben haben den wohl geplündert, als die Früchte noch nicht so ganz reif waren, wie sie sein sollten, wenn man Marillenknödel macht. Da sollten sie schon einen extremen Reifegrad haben, denn je reifer sie sind, umso süßer sind sie natürlich – und obendrein sind sie dann um ein Vielfaches aromatischer. Aber wenn das alles gewährleistet ist, also optimaler Topfen und reifste Marillen, dann ist das ein unschlagbarer Dessertgenuss!

Marillenknödel

oder

Drei Sterne von der Hauswand

Marillenknödel fangen damit an, welche Marillen man nimmt. Es sollten reife Marillen sein und nicht die Teile, die noch hart beim Discounter herumliegen und der Reife harren, die sie nicht bekommen, weil sie viel zu früh gepflückt worden sind. Der Klassiker in Österreich und in den Alpen sind die Marillen, die direkt an der Hauswand wachsen und reifen. Wenn man Lust hat, mittags Marillenknödel zu machen, greift man aus dem Fenster im Schlafzimmer raus, holt vorsichtig zehn Marillen herein und macht sich ans Werk. Nun gut, im Rheinland hat man diesen Luxus nicht, vielleicht im Vorgebirge an manchen geschützten Stellen. Aber: Ich möchte diese Idee, Marillen, na gut, Aprikosen, an der Hauswand zu pflanzen, hier mal propagieren. Weil: Es sieht gut aus und es ist toll. Die Marillen gedeihen wie jeck an der Hauswand, weil diese die Wärme reflektiert und weil sie im Winter das Bäumchen auch besonders gut schützt. Vielleicht entsteht so einmal eine völlig neue Häuserkultur im Rheinland. Von den Nebenprodukten wie Arrak – auf Alt-Kölsch „Melekatömmelchen-Schabau" – oder Marmelädchen vom Feinsten ganz zu schweigen. Übrigens: Wissen Sie, warum die Aprikose früher „Melekatömmelche" hieß? Weil so um 1850 herum Produkte aus aller Welt nach Köln auf den Großmarkt kamen, so zum Beispiel auch Pfirsiche aus Spanien. Und da stand drauf: „melocotón". Wir Mallorca-Fans wissen, das ist spanisch und heißt „Pfirsich". Jetzt waren daneben die Kisten aus dem Vorgebirge mit den Aprikosen. Und weil die so ähnlich wie die Pfirsiche aussehen, wenn auch etwas kleiner, wurden sie flugs von den Kölschen in „kleine Pfirsiche", Melekatömmelchen eben, umgetauft. Wollt ich nur mal erwähnt haben.
Also: Marillenknödel sind natürlich für jeden Älpler Kindheitserinnerungen ze basch. Erwähnen sie nur das Wort und jeder bekommt sofort feuchte Augen. Warum das so ist, können Sie jetzt auch im Rheinland probieren, erfahren und genießen. Augen schließen, den ersten Happen in den Mund – und dann unter dem Marillenbaum wieder aufwachen!

Klosterknödel

Zutaten für 4 Portionen
30 g Hefe
250 ml lauwarme Milch
500 g Mehl
100 g flüssige Butter
50 g Zucker, alternativ ein Stevia-Süßungsmittel (Menge nach Packungsangaben)
1 Ei
1 Eigelb
Salz
Zitronenschale
Zwetschgen- oder Marillenmarmelade
nach Belieben Mohn, Zucker, Puderzucker, gehackte Nüsse oder zerlassene Butter

Hefe in lauwarmer Milch auflösen. Mehl, Butter, Zucker, Ei, Eigelb, 1 Prise Salz und Zitronenschale einrühren.
Mit einem Holzlöffel so lange schlagen, bis sich der Teig vom Löffel löst. An einem warmen Ort abgedeckt 45–60 Minuten gehen lassen, bis sich der Teig verdoppelt hat. Einmal kurz durchkneten.
Mit einem Esslöffel größere Nocken vom Teig abnehmen und etwas flach drücken. Etwas Marmelade in die Mitte geben und den Teig darum zu einem Knödel verschließen. Abgedeckt noch einmal gehen lassen.
Die Knödel in leicht siedendem Salzwasser bei aufgelegtem Deckel 15 Minuten garen. Nicht zu viele Knödel auf einmal in den Topf geben, denn sie gehen stark auf. Den Topf während des Garvorgangs auf keinen Fall öffnen!
Knödel wahlweise mit Mohn, Zucker, Puderzucker oder gehackten Nüssen bestreuen oder mit zerlassener Butter bestreichen.

Obwohl es „die Semmel – die Semmeln" und „der Knödel – die Knödel" heißt, kann man zu mehreren Knödeln aus Semmeln nicht „Semmelnknödeln" sagen, sondern es heißt „Semmelknödel", allerhöchstens „die Semmelknödeln". Bei den Knödeln aus dem Kloster ist es ähnlich: „das Kloster – die Klöster", „der Knödel – die Knödel". Bei mehreren Knödeln aus dem Kloster aber heißt es nicht „Klösterknödel" oder „Klosterknödeln", sondern „Klosterknödel", weil sie ja normalerweise immer nur aus einem Kloster kommen. Und auf gar keinen Fall kann es „Klösternknödeln" heißen, es heißt ja auch nicht „das Ostern – die Östern", oder? Das geht nur bei Austern, wenn man söhr vörnöhm sein möchte.

Tarte Tatin

Zutaten für 4 Portionen
200 g Mehl plus etwas Mehl zum Bestäuben
1 Ei
ca. 70 g Zucker
300 g Butter
1 ½ kg Äpfel (Granny Smith)
300 g brauner Zucker, am besten Rohrohrzucker

Mehl, Ei, Zucker, 100 g in Flöckchen zerteilte Butter und 2 TL Wasser mit den Knethaken des Handrührgeräts zu einem sehr glatten Teig verkneten. In Frischhaltefolie wickeln und 1 Stunde ruhen lassen. Den Teig auf der bemehlten Arbeitsfläche so ausrollen, dass er etwas größer ist als eine runde, feuerfeste und herdplattentaugliche Ofenform (26–28 cm).
Die Äpfel schälen und vierteln, das Kerngehäuse – im Pustertaler Dialekt: den Prabscht – herausschneiden und die Äpfel in circa 5 mm dicke Schnitze schneiden. Äpfel in einer feuerfesten Form 5–10 Minuten mit den restlichen 200 g Butter und dem braunen Zucker anbraten und leicht karamellisieren lassen. Die Form mit den Äpfeln vom Ofen nehmen und den Teig auflegen; es soll ein kleiner Rand entstehen. Den Ofen auf 200 °C Umluft vorheizen und die Tarte für 25 Minuten hineinschieben. Herausnehmen, abkühlen lassen und stürzen. Dazu halbsteif geschlagener Schlagrahm.

Und es ist tatsächlich so, dass man bei uns in Deutschland „Tatütata" ruft, wenn man die Feuerwehr meint und Hilfe braucht, weil der Ofen brennt, dass man aber in Frongreisch „Tarte Tatin" ruft – jetzt ausnahmsweise so, dass man das „e" in Tarte auch ausspricht, weil es ja sonst völlig aus dem Rhythmus liefe –, weil man weiß, dass im Ofen eine Tarte Tatin (jetzt aber ohne „e"!) ist, die schnellstens vor dem Verbrennen gerettet (also gespachtelt) werden muss. Andere Länder, andere Sitten.

Apfel- oder Kirschstrudel

Zutaten für 4 Portionen
250 g Mehl plus etwas Mehl für die Arbeitsfläche
2 EL Öl
1 Ei
flüssige Butter zum Bestreichen
150 g Semmelbrösel
150 g Butter
1,1 kg saure Äpfel oder 1 kg Kirschen (mit Stein)
Zimt zum Bestäuben
4–5 EL Zucker

Es wirschte
die Kirsche
zum Apfel
im Stapfel,
da zuckte
der Zucker
zum Brösel,
dem Schnösel:
„Der Zimt
malt wie Klimt."
Und das Mehl
guckte scheel,
doch das Ei,
frisch und frei,
winkt dem Rudel
im Strudel.
Der Ofen
geht pofen.
Der Strudel macht dicklich,
doch glücklich, doch glücklich!

Mehl, Öl, Ei und ca. 60 ml Wasser zu einem glatten und geschmeidigen Teig verkneten. Zu einer Kugel formen und 30 Minuten ruhen lassen.

Den Teig auf bemehlter Frischhaltefolie sehr dünn zu einem länglichen Rechteck ausrollen und quer auf die Arbeitsplatte legen. Mit etwas flüssiger Butter bestreichen. Die Semmelbrösel in einem Topf in der Butter bräunen. Auf den unteren zwei Dritteln des Teigs verteilen. Darauf dünn geschnittene Apfelscheiben verteilen. Alternativ die nicht entkernten Kirschen – so sind sie viel schmackhafter – darauf verteilen. Mit Zimt bestäuben und mit Zucker bestreuen.

Den Strudel mithilfe der Frischhaltefolie nach oben hin aufrollen und auf ein mit Backpapier ausgelegtes Blech setzen. Mit flüssiger Butter bestreichen.

Den Backofen auf 220 °C Ober-/Unterhitze (200 °C Umluft) vorheizen. Den Strudel 35–45 Minuten backen.

ST. JOHN'S CHURCH

Ein Krapfen ist eigentlich zu nix gut außer zum Essen.
Du kannst nix draufstellen.
Als Bücherstütze versagt er doppelt: Er hält nix und die Bücher kriegen Fettflecken.
Du kannst nix sauber machen damit, weil er kein Putzwasser aufsaugt,
du kannst ihn nicht wegsaugen, weil er zu groß für den Saugstutzen ist,
du kannst ihn auch nicht in den Auspuff stopfen, weil er zu weich ist,
du kannst ihn nicht wegspülen, weil er das Klo verstopft.
Gut: Um Krapfen zu bleiben, braucht er keinen Strom, noch nicht mal 'nen Akku,
aber das ist auch alles.
Ich sag es euch: einfach essen und aus. Oder?!?

Krapfen

Zutaten für 4 Portionen

Für den Teig
1 Würfel frische Hefe
ca. ½ Tasse lauwarme Milch
2 EL Weizenmehl
500 g Kamutmehl – Kamutkörner gibt es im Bioladen, dort mahlen lassen
500 g Quark (Topfen)
250 g Zucker
5 große Eier
Mark von 1 Vanilleschote
1 Pck. Backpulver
1–2 EL Rum oder Cointreau
fein geriebene Schale von 2 unbehandelten Orangen

Öl zum Frittieren
ca. 100 g Puderzucker

Für den Teig die Hefe mit lauwarmer Milch und Weizenmehl verrühren. 20 Minuten abgedeckt stehen lassen. Dann alle anderen Zutaten einmengen und alles zu einem gleichmäßigen Teig verarbeiten.
Am besten über Nacht im Kühlschrank unter Folie ruhen lassen.
Aus dem Teig entweder mit einem Teelöffel kleine Mutzen ausstechen oder mit einem Esslöffel größere Bällchen auslösen.

Das Öl auf circa 140–150 °C erhitzen. Die Teigstücke nach und nach darin frittieren, bis sie rundherum goldbraun sind. Herausnehmen, auf Küchenpapier entfetten und erkalten lassen. Dann mit reichlich Puderzucker bestreuen.

Tipp: In der Zeit, in der Mandarinen Saison haben, halb Orangen- und halb Mandarinenschale nehmen. Köstlich!

Käsekuchen

Rezept auf der nächsten Doppelseite

Wer reitet so spät durch Nacht und Wind?
Es ist der Vater mit seinem Kind;
er hat den Knaben wohl in dem Arm,
er fasst ihn sicher, er hält ihn warm.

„Mein Sohn, was birgst du so bang dein Gesicht?"
„Siehst, Vater, du den Käsekuchen nicht?
Den Käsekuchen aus magerem Quark?"
„Mein Sohn, mir scheint, du fieberst stark."

„Du liebes Kind, komm, geh' mit mir!
Den halben Kuchen schenk' ich dir;
ach was, für dich spring' ich aus der Form;
ich bin der beste und schmecke enorm!"

„Mein Vater, mein Vater, und hörest du nicht,
was Erlenkönig mir leise verspricht?"
„Sei ruhig, bleibe ruhig, mein Kind!
In dürren Blättern säuselt der Wind."

„Willst, feiner Knabe, du mit mir geh'n?
Meine Törtchen sollen dir schmecken schön;
meine Törtchen sind aus leckerstem Teig.
Nun komm schon mit mir, nun sei nicht feig'."

„Mein Vater, mein Vater, und siehst du nicht dort
Erlkönigs Törtchen am düstern Ort?"
„Mein Sohn, mein Sohn, ich seh es genau:
Es scheinen die alten Weiden so grau."

„Ich liebe dich, mich reizt deine schöne Gestalt;
und willst du kein' Kuchen, so brauch' ich Gewalt."
„Mein Vater, mein Vater, jetzt fasst er mich an!
Käsekuchen hat mich in'n Teig getan!"

Dem Vater grauset's, er reitet geschwind,
er hält in den Armen das ächzende Kind,
erreicht den Hof mit Mühe und Not,
in seinen Armen das Kind war tot.

Käsekuchen

Für eine Springform (ø 26–28 cm)
150 g Butter
1 ½ kg Magerquark
10 Eier
200 g Zucker
Mark von 1 Vanilleschote

Butter zerlassen. Aus Butter, Quark, Eiern und Zucker einen homogenen Teig herstellen. Vanillemark unterrühren.
Den Backofen auf 180 °C Ober-/Unterhitze (160 °C Umluft) vorheizen. Die Springform mit Backpapier auslegen und den Teig gleichmäßig darauf verteilen. Für 60 Minuten in den Ofen schieben.
Ich liebe diesen einfachen Käsekuchen ohne doppelten Boden – am besten lauwarm!

Käsekuchen
oder
Wat janz wat Neues!

Käsekuchen kann man natürlich auch so machen: Man gibt der Kuh Vanilleschoten zu fressen, dann stellt man die Kuh einen Tag lang in die Sauna bei 90 °C, schiebt ein Dutzend Eier rein und abends kann man die Kuchenmasse aus dem Euter streichen, Zucker drüber, fertig ist die Laube. Nur: Wer hat schon eine Kuh und eine Sauna gleichzeitig in der Hütte? Das dürfte ein seltener Fall sein. Also dann doch lieber die traditionelle Methode.

Jetzt werden Sie fragen: „Was soll eigentlich ein Käsekuchenrezept in einem Kochbuch mit original rheinischen Alpenrezepten? Das Rheinland hat ja Käsekuchenrezepte ze basch, da ist doch wirklich kein Mangel." Wirklich? Also wenn man aus der süddeutschen Küche kommt, kann man da nur die Schulter zucken. Käsesahne soll ein Rezept sein? Moltofill zwischen zwei Eternitplatten? Das soll Kuchen sein? Das tut mir aber leid! Wer einmal einen Topfenstrudel, eine Topfentorte oder einfach einen Käsekuchen österreichischer Bauart oder gar in einem der Bozner Cafés gegessen hat, weiß, was ich meine.

Das Rezept von Anne Beikircher spricht da eine ganz andere Sprache. Es ist ein einfaches Rezept, aber dennoch nicht mit all dem zu vergleichen, was einem im Rheinland zu diesem Thema zugemutet wird, da kann das Rheinland wirklich vom Süden und von den Alpen lernen. Saftig ist er, dieser Kuchen, er hat einen ganz intensiven Geschmack, er ist leicht ohne Ende und dennoch standhaft im Biss und ich habe noch keinen Rheinländer und keine Rheinländerin gesehen, die nicht große Augen gemacht hätten, als sie den ersten Bissen im Mund hatten!

Ile flottante

Rezept auf der nächsten Doppelseite

Ile flottante

Zutaten für 4 Portionen

Für die Vanillecreme
1 Vanilleschote
750 ml Milch
125 g Crème fraîche
12 Eigelb von ganz frischen Eiern
250 g Zucker

Für die Schnee-Inseln
12 Eiweiß von ganz frischen Eiern
Salz
150 g Zucker
1 Pck. Vanillezucker
evtl. 1 Spritzer Zitrone
gebräunte Mandelblättchen oder Karamellsirup zum Verzieren

Für die Vanillecreme die Vanilleschote längs aufschlitzen und mit einem Messer das Mark ausschaben. Milch mit Crème fraîche kurz aufkochen. Eigelbe und Zucker in einer Schüssel mit einem elektrischen Handrührer auf langsamster Stufe verrühren, bis die Masse dick und schaumig ist. Die Milch unter ständigem Rühren nach und nach hinzugeben. Zuletzt das Vanillemark zufügen.
Die Sauce in den Milchtopf gießen und auf kleiner Flamme weiterrühren. Sie soll ähnlich wie eine Sauce hollandaise recht dickflüssig werden, aber Vorsicht, dass kein Omelett draus wird!
Dann in die Schüssel zurückschütten und erkalten lassen.
Für die Schnee-Inseln Eiweiße mit 1 Prise Salz am besten in einer halbrunden Eistortenform oder Rundschüssel mit einem elektrischen Handrührer schaumig aufschlagen. Dann Zucker und Vanillezucker einrieseln lassen und nach Belieben noch

Der Admiral, der Admiral
trägt einen bli-bla-blauen Schal.
Er steht auf seiner Insel,
er rührt mit seinem Pinsel
Vanillecreme, Vanilleschot',
jetzt ist sie gelb, erst war sie rot.
Dann läuft auf kessen Sohlen
der Günther Eier holen,
dann kommt ratzfatz Zitrone,
es geht leider nicht ohne.
Zuletzt noch aus dem Drucker
Schneeweiß und Schaum und Zucker.
Und schon ist unser Admiral
fürs Festdessert die erste Wahl.

einen Spritzer Zitrone dazugeben. In einem flachen, großen Topf Wasser zum Kochen bringen. Aus der Eiweißmasse am besten mit großen Vorlegelöffeln Nocken ausstechen und auf das Wasser setzen. Insgesamt circa 3 Minuten garen und während dieser Zeit mehrmals wenden.
Die Creme in Gläser füllen und die Eiweißnocken als schwimmende Inseln auflegen. Mit einigen Mandelblättchen oder etwas Karamellsirup verzieren.

Ile flottante
oder
Die schönste Insel im Rheinland

Also, Rezepte, in denen Brotschnitten belegt werden, gerne süß, die dann auf diversen Saucen schwimmen, gibt es in fast jeder Kultur. Meistens hat man sie entwickelt, um Reste zu verwerten. Und wen kann man da leichter drankriegen als die arglosen Kinder, denen man irgendwas vorlabert von: „Mmh! Und jetzt kommt das Guti Guti! Ah, das schmeckt aber fein, gell? Jaaa, da hat das Schätzchen aber Spaß, gell!" Und fertig ist die Laube. Der kleine Satansbraten rafft nix, zieht sich das überzuckerte Zeug rein, denn Zucker schmeckt ja immer, und die Reste sind weg. Besser als über eBay zu verticken, wenn da noch zwei Eier übrig sind oder eine halbe Packung Toastbrot, die keiner mehr haben will, weil die Ecken schon angeschimmelt sind. Übrigens: Vanille überdeckt perfekt den Schimmelgeschmack, wussten Sie das schon? Also, Spaß beiseite: Reste-Verwertungsrezepte gibt es, so lange Menschen kochen. Nur: Aus diesen haben sich einige ganz wunderbare Rezepte entwickelt. Für mich zählen da die armen Ritter dazu. Die kann ich als Diabetiker leider nicht mehr essen, aber was haben die geschmeckt! In Südtirol hießen sie „Scheiterhaufen", in Erinnerung an die unterhaltsamen Hexenverbrennungen, und waren einfach nur köstlich. Aber vor allem und in erster Linie gehören die schwimmenden Inseln aus der mediterranen Küche dazu – von Sizilien bis zum Ortler: ein Hit!
Das Rezept, das Anne Beikircher hier vorstellt, ist zwar ein bisschen sophisticated, aber Sie werden es nicht bereuen und Ihre Gäste werden sogar auf Ihrer Beerdigung noch davon sprechen: „Ich meine, gut: Tot ist tot, willse machen. Aber dass es jetzt keine schwimmenden Inseln mehr gibt, das ist eine Katastrophe!" Schon die Vanillecreme ist der Hammer! Wozu ich nur sagen kann: Wenn Sie die Creme machen, schauen Sie zu, dass niemand in der Küche ist, so ein Topf ist schnell ausgeschleckt. Dasselbe gilt, wenn Sie sich an die Inseln machen: Tür zu, alles bleibt draußen – und Ruhe jetzt, die Köchin muss sich konzentrieren! Zumindest kann man es ja mal versuchen. Lassen Sie sich aber vorher von den wartenden Gästen schnell ein Glas Sekt, Prosecco, Champagner, Sprizz – oder was immer Sie als Aperitif ausgeben – reichen. Und dann ab an den Herd! Sie werden sehen: ein Rezept, mit dem man Ehre einlegen kann! So schön kann es sein, wenn sich das Mediterrane, die Alpen und das Rheinland treffen. Warum Alpen? Na, nehmen Sie etwa keine Alpenmilch, wenn Sie so exzellente Rezepte umsetzen? Also bitte!

Waffeln, oh, là, là

Zutaten für 4 Portionen
4 Eiweiß
500 g Mehl
1 EL Zucker
1 Prise Salz
1 Prise Backpulver
250 ml Milch
750 g Sahne
8 Eigelb
100 ml Rum
300 g zerlassene Butter
Butter fürs Waffeleisen

Die Eiweiße zu einem festen Schnee schlagen. Mehl, Zucker, Salz und Backpulver in einer Schüssel vermengen. Nacheinander Milch, Sahne, Eigelbe und Rum dazugeben und jeweils gut vermischen. Dann die zerlassene Butter einrühren und die Eiweißmischung unterheben.
Das Waffeleisen erhitzen und mit Butter einfetten. Nun die Waffeln backen – aber nicht zu viel Teig in das Eisen geben!
Mit Schlagsahne oder selbst gemachter Konfitüre einfach köstlich!

Wenn Bergisch Kölsch mit Wollsocken ist, esse ich ab sofort alle Waffeln, auch die nichtbergischen, mit Handschuhen.

Crème caramel

Zutaten für 4 Portionen
10 Eier
350 g Zucker
1 Vanilleschote (Tahiti-Vanille)
800 ml Vollmilch
200 ml Sahne

Mit Poesie geht's manchmal besser. Versuchen Sie doch mal eine einfache Form von Kettenreim – nach jedem Wort ein Reimwort dazusagen. Beispiel: „Das Mark und den Quark aus der Schote mit der Pfote in den Kelch mit dem Elch oder den Becher mit dem Fächer und dann auf den Teller und ab in den Keller, doch Obacht, wer wo lacht. Nicht rutschen, sonst lutschen die Deppen auf den Treppen und essen die Delikatessen, denn es zählt, was noch fehlt: toller Schluss mit Genuss …" Das kann man endlos weitermachen, bis zum Lachen. Aber vorsichtig, es ist ansteckend!

Die Eier mit 200 g Zucker schaumig schlagen – das dauert etwas. Die Vanilleschote längs aufschlitzen und das Mark mit einem Messer herausschaben. Nun die Milch mit Sahne und Vanillemark sehr gut verrühren.
Für den Karamell einen Schuss Wasser in einer Pfanne erhitzen, die restlichen 150 g Zucker zufügen und unter Rühren hellbraun werden lassen.
Als Erstes die Karamellmasse in eine runde (ø 20–24 cm), mit kaltem Wasser ausgespülte Ofenform geben – ich nehme gern eine Briocheform aus Glas. Die Eimasse darauf verteilen. Für das Wasserbad im Ofen die Fettpfanne mit warmem Wasser füllen und die gefüllte Form hineinsetzen.
60–70 Minuten bei 150 °C Umluft ohne Vorheizen garen. Dabei darauf achten, dass die Eimasse nicht stockt, die Temperatur eventuell verringern.
Die Form aus dem Wasserbad nehmen und erkalten lassen. Eventuell dann noch in den Kühlschrank stellen, bis die Creme vollständig durchgekühlt ist. Die Ränder der Form vorsichtig mit einer Messerspitze lösen und die Creme in eine Servierform stürzen.

Kiwi-Eis

Zutaten für 4 Portionen
4 Kiwis
4 Zweige Thymian
250 g Kokoseis
3 Eiweiß, frisch aufgeschlagen
1 Prise Salz
2 EL Zucker

Die Kiwis schälen und halbieren. Thymianblättchen abstreifen, mit den Kiwis pürieren und in Gläser füllen. Das Kokoseis ein paar Minuten antauen lassen.
In der Zwischenzeit die Eiweiße mit Salz steif schlagen. Zucker zufügen und so lange weiterschlagen, bis die Eiweißmasse nicht mehr vom Löffel tropft. Jetzt das Kokoseis dazugeben und wieder schlagen. Es soll eine schaumige Masse entstehen.
Die Eismischung auf das Kiwipüree geben – und schon haben wir den Gletscher auf der grünen Almwiese, wunderbar!
Statt Kiwis gehen auch Passionsfrüchte. Oder man nimmt ein gutes Passionsfruchtpüree.

Schalen der Kiwis nicht wegwerfen. In der Bratröhre bei circa 47 °C gut 30 Tage trocknen lassen und einzeln zwischen jeweils zwei Blätter handgeschöpftes Büttenpapier legen. Nochmal 30 Tage so liegen lassen, aber an einem luftzuggeschützten Ort; falls Sie keinen zur Verfügung haben, lesen Sie hier nicht mehr weiter. Dann vorsichtig vom Papier lösen. Jetzt die getrockneten Schalen wegwerfen und aus dem Papier den Kiwischalenabdruck ausschneiden. Damit kann man wunderbar einen Tisch dekorieren, denn die Blätter sehen fast wie richtige getrocknete Kiwischalen aus, wenn auch etwas blasser.

After it

Zutaten für 4 Portionen
500 ml Milch
1 TL Zucker
1 Prise Salz
10 Minzeblätter
70 g dunkle Schokolade (70–80 % Kakaogehalt)
2 EL Reismehl
2 EL Maisstärke
2 EL Honig
1 EL Pistazien
1–2 Erdbeeren
1 EL Kokosraspel

Milch mit Zucker, Salz und Minzeblättern bis zum Siedepunkt erwärmen. Minze herausnehmen. Die Schokolade fein hacken und in der Milch unter Rühren schmelzen. Reismehl und Maisstärke hinzufügen und die Mischung unter ständigem Rühren kurz aufkochen lassen. Mit Honig abschmecken und weiterrühren, bis die Masse fast erkaltet ist. Die Creme in Dessertgläser füllen. Pistazienkerne fein hacken, Erdbeeren fein würfeln. Die Erdbeeren auf der Creme verteilen und Kokosraspel sowie Pistazien aufstreuen.

Dieses Gericht spricht alle Sinne an und ist zehnmal geschmackvoller als die Zigarette danach. Außerdem: Wer stellt sich schon nackt auf den Balkon, nur um zu quarzen?

Kölsch von der Roll

Zutaten für 4 Portionen

1 l Milch
200 g Milchreis
Salz
1 Vanilleschote
50 g Zucker
100 g Kokosraspel
1 reife Mango
200 g Erdbeeren
200 g Kiwi
200 g Ananas
Karambola oder Pitaya (Drachenfrucht), in Stücke geschnitten, zum Verzieren

Milch in einen Topf geben, jetzt noch nicht erhitzen. Reis einstreuen und gut verrühren. Salz zufügen. Die Vanilleschote längs aufschlitzen. Das Mark herausschaben und mit der Schote in den Topf geben. Nun alles unter Rühren aufkochen. Dann zugedeckt bei milder Hitze circa 25 Minuten garen. Milchreis zwischendurch immer wieder umrühren. Den Milchreis von der Herdplatte nehmen. Vanilleschote entfernen und den Zucker einrühren. Er muss klebrig sein. Die Kokosraspel in einer Pfanne ohne Fettzugabe hell rösten. Mango in längliche Stifte schneiden. Eine Sushimatte mit Frischhaltefolie belegen. Darauf erst etwas Kokosraspel, dann den klebrigen Milchreis verteilen. Mangostifte in die Mitte legen. Mithilfe der Matte einrollen und fest zusammendrücken. Das muss man einfach ein bisschen üben, aber es gelingt bald, versprochen!
Mit dem anderen Obst ebenso verfahren. Sie sollten sich entscheiden: entweder nur Mango, nur Erdbeeren, oder, oder, oder. In der Folie in den Kühlschrank legen. Vor dem Servieren Folie entfernen und die Rollen in Sushigröße aufschneiden. Mit Karambola- und Pitayastücken dekorieren.

Tipp: Aus dem restlichen Milchreis „Schiffchen“ formen: Mithilfe von zwei Teelöffeln Nocken ausstechen und etwas platt drücken. Diese Schiffchen können beliebig mit Ananas, Physalis, Kaki, Kiwi etc. belegt werden. Etwas Schokoladensirup zum Dippen in einem Schälchen in der Mitte des Tellers erinnert an Sojasauce.

Früher, als alles noch aus Holz war, gab es in rheinischen Wirtschaften „Drachenfutter". Nein, das war keine Pitaya, das waren in einer Glasvitrine hinter der Theke, direkt neben den Soleiern, ein paar Tafeln Schokolade. In der klassischen Rollenaufteilung ging der Mann in die Wirtschaft und die Frau wartete zu Hause auf ihn (dachte der Mann). Wenn es später wurde als geplant, dann nahm man eine Tafel Drachenfutter mit, gab die der hinter der Tür mit dem Nudelholz wartenden Frau (oder schob sie vorher unter der Tür durch) und hoffte so, die Wucht des Schlages abmildern zu können. Kölsch von der Roll ist aber besser, oder?!?

Sonnenschein-Schnittchen

Zutaten für 8 Portionen

Für den Boden
225 g Butter
100 g Zucker
250 g Mehl

Für den Sonnenschein
300 g Zucker
30 g Mehl
4–5 Eier (je nach Größe)
Saft von 2 Zitronen
Schale von 1 unbehandelten Zitrone
Puderzucker zum Bestreuen

Und immer die Bläck Fööss im Kopf:
„Wenn de Sonn schön schingk,
weed et Wedder widder wärm.
Dann pack sich d'r Pap de Mama en dä Ärm."

Für den Boden die Zutaten gut verkneten. In eine tiefere, mit Backpapier ausgelegte Auflaufform (ø 20–24 cm) gleichmäßig dick hineindrücken. Den Backofen auf 175 °C Ober-/Unterhitze (155 °C Umluft) vorheizen. Den Teig darin 15–20 Minuten goldbraun backen. Herausnehmen.
Für den Sonnenschein in der Zwischenzeit Zucker und Mehl vermischen, dann die Eier und den Zitronensaft zufügen und am besten mit dem Handrührgerät schaumig schlagen. Auf den noch warmen Boden gießen und ihn nochmals für 20 Minuten in den Ofen schieben. Herausnehmen und auskühlen lassen. Mithilfe des Backpapiers aus der Form heben und auf eine Tortenplatte setzen. Die Schale der unbehandelten Zitrone in haarfeinen Streifen abziehen, das geht am besten mit einem Zestenreißer. Das Gebäck in kleine Rauten, Rechtecke oder Dreiecke schneiden. Mit Puderzucker bestreuen und mit Zitronenschale garnieren.

Einfacher Mürbeteig

Zutaten für 4 Portionen
200 g Mehl plus etwas Mehl für die Form
1 Ei
ca. 70 g Zucker
100 g Butter plus etwas Butter für die Form

Mehl, Ei, Zucker, die in Flöckchen zerteilte Butter und 2 TL Wasser mit den Knethaken des Handrührgeräts zu einem sehr glatten Teig verkneten. In Frischhaltefolie wickeln und circa 30 Minuten kalt stellen. Eine Springform (ø 26–28 cm) mit Butter einfetten und mit Mehl bestäuben.
Den Teig etwas größer als die Springform ausrollen und hineinsetzen. Einen kleinen Rand gleichmäßig hochziehen und leicht andrücken. Den Backofen auf 175 °C Ober-/Unterhitze (155 °C Umluft) vorheizen. Je nach Füllung circa 1 Stunde backen. Dieses Mürbeteigrezept passt zu fast allem, was Ihnen einfällt. Versuchen Sie's!

Einen Mürbeteig sollte man immer im Kühlschrank haben. Man kann mit ihm (fast) alles machen – und wenn man nur ein paar Himbeeren mit einem Schlag halbsteife Sahne drauftut.

Walnuss-Mürbeteig

Zutaten für 4 Portionen
500 g Mehl plus etwas Mehl für die Form
200 g Puderzucker
1 Pck. Vanillezucker
3 Eigelb
150 g gemahlene Walnüsse
abgeriebene Schale von 1 unbehandelten Zitrone
400 g Butter plus etwas Butter für die Form

Mehl, Puderzucker, Vanillezucker, Eigelbe, gemahlene Walnüsse, Zitronenabrieb und die in Flöckchen zerteilte Butter mit den Knethaken des Handrührgeräts zu einem sehr glatten Teig verkneten. In Frischhaltefolie wickeln und circa 30 Minuten kalt stellen. Eine Springform (ø 26–28 cm) mit Butter einfetten und mit Mehl bestäuben. Den Teig etwas größer als die Springform ausrollen und hineinsetzen. Einen kleinen Rand gleichmäßig hochziehen und leicht andrücken. Den Backofen auf 175 °C Ober-/Unterhitze (155 °C Umluft) vorheizen. Je nach Füllung circa 1 Stunde backen.

Also, ich habe ihn früher der Mama immer roh vom Brett geschleckt und mich können Sie heute noch mit Mürbeteig frisch aus der Springform glücklich machen. Ich brauche da nicht unbedingt immer was drauf. Tässchen Kaffee dazu und der Morgen ist gerettet!

Käsewindbeutelchen – Gougères

Zutaten für 90 Stück

Salz
100 g Butter
200 g Mehl
5 Eier
100 g Gruyère oder Sbrinz
100 g Parmesan

250 ml Wasser mit Salz und Butter aufkochen. Mehl auf einmal dazugeben. Nun mit einem Kochlöffel kräftig rühren, bis der Teig ein glatter Kloß geworden ist und ein weißlicher Belag auf dem Topfboden zu sehen ist. Topf von der Flamme nehmen und die Eier nach und nach einzeln unterrühren. Den gesamten Käse fein reiben und unter den Teig rühren.
Den Backofen auf 200 °C Ober-/Unterhitze (180 °C Umluft) vorheizen. Den Teig in einen Spritzbeutel füllen und mit großer Lochtülle auf ein mit Backpapier ausgelegtes Backblech etwa kirschgroße Tupfen spritzen. Etwa 20 Minuten im Ofen backen. Herausnehmen und lauwarm servieren.

Wenn dazu einer der mineralischen Rotweine von der Ahr kommt – alles von Meyer-Näkel und Stodden, der Mayschosser Winzergenossenschaft, vom Klostergut Marienthal –, ist das der perfekte Auftakt zum rheinischen Alpenmenü!

Scones

Zutaten für 4 Portionen
500 g Mehl plus etwas Mehl für die Arbeitsfläche
1 Pck. Backpulver
1 EL Zucker
1 TL Salz
125 g weiche Butter
2 Eier
250 ml Buttermilch
1 EL Sahne
1 Eigelb

Mehl, Backpulver, Zucker und Salz in eine große Schüssel geben. Butter dazugeben und alles mit den Fingerspitzen zu feinen Streuseln verarbeiten. Eier und Buttermilch verrühren und zu den Streuseln geben. Kurz mit einem Löffel verrühren, bis alles vermischt ist. Nun den Teig auf einer mit wenig Mehl bestreuten Arbeitsfläche kurz mit den Händen kneten.
Auf bemehlter Arbeitsfläche circa 4 cm dick ausrollen. Mit einem Ausstecher (ø 5,5 cm) Scheiben ausstechen. Die Teiglinge auf zwei mit Backpapier ausgelegte Bleche legen. Sahne und Eigelb verrühren und aufstreichen.
Den Backofen auf 200 °C Ober-/Unterhitze (180 °C Umluft) vorheizen. Die Scones circa 15 Minuten backen. Herausnehmen, etwas abkühlen lassen und lauwarm servieren.

Der Brite haut sich jetzt Marmelade drauf. Unsereins liebt gesüßte, nicht ganz steif geschlagene Schlagsahne dazu. Wie viel? Na, wie viel vertragen Sie denn? Die Scones sind extrem lecker!

Kleiner Stadtbummel in Norwegen, gegen 16 Uhr zurück aufs Schiff. Da umfängt uns ein Duft, der uns nicht loslässt. Was ist das? Hefeteilchen? Rosinenbrötchen? Wir fragen. „Scones", ist die Antwort. Na gut, ein paar auf den Teller und etwas Schlagsahne dazu und einfach ins Koma fallen. Schweigen. Kauen. Augen zum Himmel. „Och, eins geht noch – und keine Wünsche mehr!"

Index

Danke

Unserem lieben Freund Hans Stefan Steinheuer, einem der größten Köche Europas, danken wir ganz herzlich für das wunderbare Vorwort und sagen gern, wie lohnend ein Besuch im Olymp „Steinheuers Restaurant" in Heppingen bei Bad Neuenahr ist oder – wer es genial regional haben will – in seiner „Alten Post". Eine Verbeugung vor seiner Frau Gabi und ihm!
Hotel-Restaurant „Zur Alten Post", Landskroner Straße 110, 53474 Bad Neuenahr-Ahrweiler, www.steinheuers.de

Ein herzliches Dankeschön an Karl-Heinz Broel dafür, dass er uns die Tore zu seinem schönen Weingut geöffnet hat und uns dort fotografieren ließ. Deshalb können wir nicht anders, als diesen tollen, aus der Zeit gefallenen Ort wärmstens zu empfehlen.
Weingut Broel, Karl-Broel-Straße 3, 53604 Bad Honnef, www.weingutbroel.de

Die Autoren, der Fotograf und der Verlag danken allen Beteiligten, die durch ihre Mithilfe und Unterstützung zum Gelingen dieses Buches beigetragen haben.
Für die unermüdlichen Bemühungen um die außerordentliche Qualität dieses Buches danken wir als Verlag unseren Mitarbeitern Justyna Krzyżanowska, Johanna Hänichen, Ellen Schlüter, Anne Krause, Melanie C. Müller-Illigen, Philine Anastasopoulos, Katharina Staal, Christine Zimmer, Valerie Mayer und Katerina Stegemann.

Impressum

Originalausgabe Becker Joest Volk Verlag GmbH & Co. KG
Bahnhofsallee 5, 40721 Hilden, Deutschland

1. Auflage September 2015
ISBN 978-3-95453-086-1

Autoren: Anne und Konrad Beikircher
Food-Fotografie: Klaus Arras
Foodstyling: Katja Briol
Porträt: Dipl.-Des. Justyna Krzyżanowska
Projektleitung: Johanna Hänichen
Buchgestaltung: Dipl.-Des. Justyna Krzyżanowska
Bildbearbeitung und Lithografie:
Ellen Schlüter und Makro Chroma Joest & Volk OHG, Werbeagentur
Lektorat Rezepte: Martin Lagoda
Lektorat: Doreen Köstler
Druck: Westermann Druck Zwickau GmbH

BECKER
JOEST
VOLK
VERLAG
www.bjvv.de